아름다운
정원 조경 레시피 85

오기노 도시야 지음 | 방현희 옮김

한스미디어

프롤로그

이 책은 앞으로 새로운 주거 공간을 마련할 분들이나 주택 설계를 하는 분들이 정원에 대해 다시금 생각해보는 계기가 되기를 바라며 집필했다. 가정家庭이라는 말에도 있듯이, 일상생활 속에 정원을 조성한다는 것은 안정을 취할 수 있는 자연을 곁에 둔다는 것이며, 가족이나 친구와 기분 좋은 시간을 보낼 수 있는 장소를 주택과 함께 만든다는 것이다.

건축이나 외관과 조경을 분리하지 말고 하나로 생각했으면 한다. 그것이 나의 바람이다. 굳이 비용을 들여서 수목을 식재하는 것만이 조경이 아니다. 주위를 둘러보고 이웃집 정원, 그 너머로 보이는 공원의 수목, 먼 산의 능선, 아니면 가로수라도 녹음이 있으면 '감사히 받겠습니다!'라고 생각하고, 창문으로 보이는 경치로 담아내거나, 문 주변에 작은 정원을 만들어 같은 종류의 식물을 심어서 경치를 연결하는 것도 엄연한 조경이라 할 수 있을 것이다.

생활을 영위하는 내부 공간과 공공의 외부 공간을 어떻게 이어줄 것인가……. 그 점을 심사숙고하여 토지나 주변 환경까지 모두 포함해서 주택 전체를 계획하는 것부터 시작해보도록 하자. 그리고 거기에 아름다움과 매력을 더하는 멋진 연출도 도전해보기를 바란다.

이 책에서는 조경의 형식이나 이론에 얽매이지 않고 주거 공간을 기분 좋게 감싸는 방법을, 정원을 담는 아름다운 그릇으로서의 건축을, 여러분과 함께 생각해 나가고자 한다.

오기노 도시야

※이 책에서는 수목이나 화초 등의 식물을 총칭하여 '녹음'이라고 표현한다.

Contents

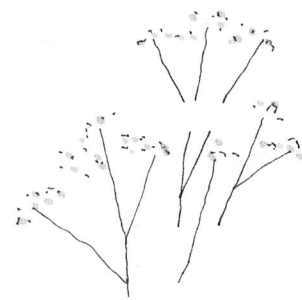

1 아름다운 풍취를 만드는 녹음 조성법

01	나무숲 속에 '호젓이 자리 잡게 한다'	008
02	그 토지의 자연의 모습을 담는다	010
03	식재 계획은 입면도를 보며	014
04	건물 가까이 나무를 심는다	016
05	건축이라는 그릇에 정원을 담는다	018
06	녹음의 양은 지나치게 많지도 적지도 않게	020
07	높이가 다른 나무를 조합하여 입체적으로	021
08	꽃꽂이처럼 주축을 정한다	022
09	생명력이 느껴지는 수형을 고른다	023
10	외부 정원으로 거리에 녹음 나눠주기	024
11	녹음이 많아지면 거리의 모습도 바뀐다	026
12	외부 정원 벤치는 쉼터	027
13	인터폰에서 현관까지의 거리	028
14	식물로 자연스럽게 줄눈을 메운다	029
15	모던하게 연출하는 진입로	029
16	매력적인 진입로	030
17	주차 공간을 아름답게	032
18	주차장을 정원처럼 꾸민다	033
19	캐리지 포치의 재고	036
20	조화로운 외관의 기본	040
21	생울타리를 추천한다	042
22	흙막이는 옹벽보다는 자연석 쌓기로	043

2 녹음을 즐기는 주거 플랜

23	중요한 것은 탁 트인 시야	046
24	'여기에 정원을 만들자'부터 시작되는 집짓기	047
25	식물과 주거 공간의 이상적인 관계	048
26	이웃집 창문과 상록수	049
27	배관 계획은 조경 계획과 함께	049
28	녹음을 즐길 수 있는 장소를 곳곳에 배치한다	050
29	2층 창에는 위를 향해 피는 꽃나무를	052
30	계획하기도 관리하기도 쉬운 북쪽 정원	053
31	건물은 아담하게, 녹음은 풍요롭게	054
32	녹음을 조망하기 위한 장소	058
33	매일 이용하는 주방이니까 아름다운 경치를	060
34	거실 의자는 정원을 향해	061
35	아침에 기분 좋게 잠에서 깨는 침실	062
36	작은 정원에서 즐기는 풍요로운 목욕 시간	063
37	바람길을 만든다	064
38	장지문에 비치는 수목	065
39	여러 개의 정원으로 생활공간을 감싼다	066
40	외부와의 연결을 방해하지 않는 창가	068
41	하나의 정원을 다양한 높이에서 바라본다	070
42	실내 공간 어디에서나 정원을 바라볼 수 있게	072

3 정원에서 일상을 보내는 아웃도어 리빙

43	정원을 집 구조의 연장선으로 생각한다	076
44	우드 데크에서 손님 접대	078
45	우드 데크 소재	079
46	철근 콘크리트 기초로 식물을 더욱 가까이	079
47	작아도 정원 테라스를 만들 수 있다	080
48	좋은 경치가 없을 때	081
49	우드 데크는 정면에서 사선으로	082
50	옥외 식사를 제안한다	083
51	도심에서도 제안할 수 있는 옥상 텃밭	084
52	처마 밑 테라스 식당	086
53	도로와 집 사이를 풍요로운 장소로	088
54	나무의 줄기가 예뻐 보이는 난간	090

4 정원을 장식하는 연출과 디테일

55	잔디 정원의 매력	094
56	창밖 경관에 맞춰 인테리어를 선택한다	096
57	정원을 예술 작품처럼 만든다	097
58	아름다운 픽처 윈도	098
59	조경석에 대해	099
60	식물을 심는 아름다운 그릇	100
61	자갈을 강에 비유한다	102
62	오감으로 느껴지는 녹음을 더한다	102
63	수공간에서 마음의 안정을 찾는다	103
64	신선한 산소는 식물로부터	103
65	밤에도 정원을 즐길 수 있는 조명	104
66	실내에서도 숲 속에 있는 것처럼	108
67	정원을 물들이는 꽃들	110

5 정원 조성하기와 손질 및 관리법

68	잡목 정원과 수목 선택 방법	118
69	생산 농가와 재료 찾기	119
70	지피식물로 완숙미를 연출한다	120
71	뿌리분 크기에 주의한다	122
72	토양 개량으로 나무를 건강하게 키운다	122
73	경관을 해치지 않는 매몰형 지주	123
74	정원 조성 비용	124
75	거주자, 이웃, 설계사, 시공 업체 관계자가 참여하는 정원 만들기	124
76	손질한다는 것은 키운다는 것이다	126
77	관수 요령	128
78	지피식물 손질하기	130
79	이끼 손질하기	131
80	낙엽 청소	131
81	병충해 대처법	132
82	잡초 대처법	133
83	전정으로 아름다움을 가다듬는다	134
84	솎음 가지치기 방법	136
85	잔디 관리	138

부록 아름다운 정원 연출을 위한 식물도감 140   143

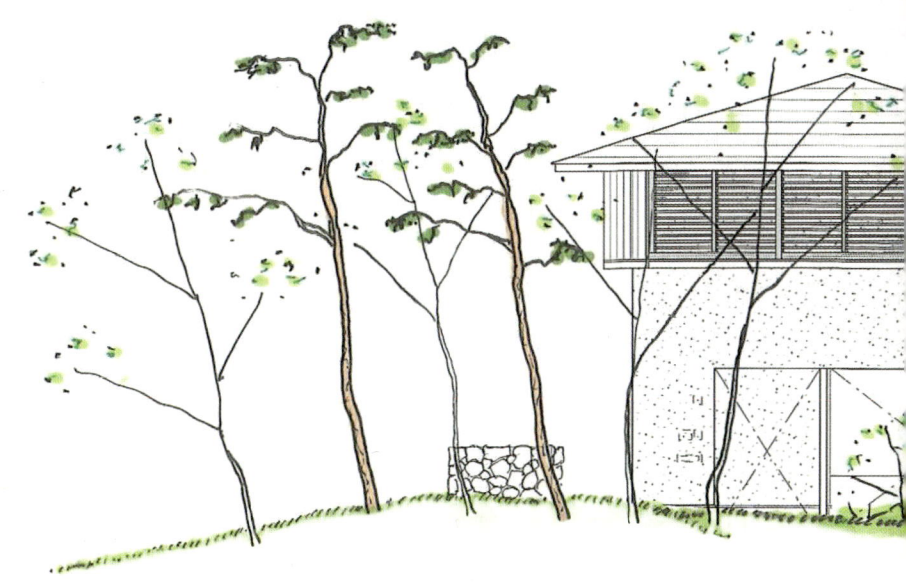

01-22
RECIPES
OF
TOSHIYA OGINO

1

아름다운 풍취를 만드는 녹음 조성법

수목에는 주택을 아름답게 보이게 하는 힘이 있다. 아무리 완성도가 높은 건물이라도 거기에 녹음이 더해진 것과 그렇지 않은 것은 방문객이 느끼는 인상이 전혀 다르다. 85가지 레시피는 주택의 풍취와 식재에 대한 개념부터 시작해보도록 하자.

01.

나무숲 속에 '호젓이 자리 잡게 한다'

바깥 경치를 즐기기 위해 마련된 창가의 데이베드. 가지가 가는 적송과 벚나무를 심어 푸른 잎 너머로 비와호를 바라본다.

누구나 한번쯤은 이름을 들어 본 적 있는 대부분의 유명 건축가는 녹음과 떼려야 뗄 수 없는 관계에 있다. 독일 건축가 미스 반 데어 로에Mies van der Rohe가 지은 판스워스 하우스, 미국 건축가 필립 존슨Philip Johnson이 지은 자택, 일본의 요시무라 준조吉村順三가 지은 가루이자와의 산장 등은 모두 나무숲 속에 호젓이 자리 잡은 듯이 건축되었다. 그 중에서도 가루이자와의 산장은 특히 좋아하는 건축물 중 하나다. 자연 속에 호젓이 자리 잡고 있는 자태가 아름다운 것은 물론이거니와, 이 건물은 요시무라가 '나무 위의 새가 된 듯이 살고 싶다'며 지은 만큼 주거 공간과 수목과의 거리가 매우 가깝다. 숲을 향해 비죽 튀어나온 2층에 거실이 배치되어 있고, 창문을 열어젖히면 숲 속 나무들이 손에 닿는 곳에 푸르게 우거져 있어 그야말로 녹음 위에 떠 있는 듯한 감각에 사로잡힌다. 안에서도 밖에서도 자연과 일체화된 이상적인 건축이다.

조경사가 할 말은 아니지만, 식물은 사람의 손을 타지 않고 혹독한 자연 속에서 자란 모습이 가장 아름답다고 생각한다. 그라운드 라인(지반면)도 조성하는 것이 아니라 오랜 세월에 걸쳐 형성된 자연적인 지형을 중시하려고 한다. 자연의 풍경을 초월하는 인공적인 것은 없다. 그러므로 건물은 자연을 배려하며 거기에 살포시 내려앉은 듯이 자리 잡고 있는 모습이 아름답다고 생각한다.

이와 같은 생각에서 비롯된 나의 조경 기본 콘셉트는 '건축을 나무숲 속에 호젓이 자리 잡게 한다'다. 지붕에 걸쳐질 만큼 키가 큰 교목을 배치할 때도 많다. 지붕보다 높은 곳에 녹음이 풍성하게 우거진 건물을 보면 마을의 수호신을 지키는 숲처럼 나무로부터 보호 받고 있는 듯한 안도감이 든다.

또한 건축물을 기준으로 어느 위치에 어느 정도 높이의 나무를 배치하는가에 따라 건물 분위기가 크게 달라진다. 특히 수평 라인이 아름다운 건물은 수목의 세로 라인에 의해 더욱 돋보이게 할 수 있다. 교목을 배치하면 건축물이 아늑하게 감싸지기 때문에 전체가 아름답게 어우러진다.

사진은 건축가 이레이 사토시伊失智 씨가 설계한 「비와호 호반의 집」이다. 이 대지에는 원래 세 그루의 벚나무가 심겨 있었다. 수령이 20년 정도 된 나무로, 가지가 이리저리 뻗어 있고 잎이 울창하게 우거져 있었지만 가지치기를 해서 솎아내면 아름다워지리라는 것을 알았기에 건축주와 이레이 씨와 상의하여 '이 벚나무를 남기자'고 한 시점부터 조경 설계가 시작되었다. 대지에는 벚나무를 한 그루 더 추가해 건물 창가 쪽으로 향하도록 식재하여 균형을 잡아주었다.

또한 이웃집 정원이 개방형 잔디밭이어서 그쪽과도 풍경이 연결되도록 잔디밭 위주의 정원으로 조성했다. 원래는 평탄한 조성지였으나, 산의 완만한 능선을 상상하며 곳곳에 잔디밭 마운드•를 조성해주었다. 무기질적인 콘크리트 포장을 최대한 줄이기 위해 차가 지나다니는 부분은 식생블록을 사용했다.

이 집은 밖에서도 집 안에서도 차가 보이지 않도록 주차장이 설계되어 있어 주택가이면서도 아름다운 자연 속에 호젓이 자리 잡은 주거 공간이 되었다.

• 마운드mound: 인위적으로 조성한 구릉.

북쪽 도로에서 본 「비와호 호반의 집」. 앞쪽에 있는 벚나무는 원래 심겨 있던 나무. 잔디밭 마운드로 생동감을 더해주었다.

02. 그 토지의 자연의 모습을 담는다

「비와호 호반의 집」은 이름 그대로 비와호가 바로 옆에 있어서 대지에서도 호수를 조망할 수 있다. 호숫가에는 소나무 방풍림이 끝없이 펼쳐져 풍요로운 경관이 먼 곳까지 이어지는 최적의 환경이었다. 그러나 대지 앞에는 손질되지 않은 적송이 울창하게 들어서 있고, 대나무도 자라 있어 대지에서 호수의 수면이 보이지 않았다.
자치회 관계자를 찾아가 상황을 물어보니, 소나무 숲 경관을 보존하기 위해 종자부터 소나무를 키우고 있고, 게다가 지피식물인 순비기나무와 갯완두의 자생지도 보호하고 있다고 한다. 그리고 이 지역은 윈드서핑의 성지가 될 정도로 북풍이 강하게 불어 소나무가 방풍림으로써 매우 큰 역할을 하고 있기 때문에 벌채는 말할 것도 없고 전정도 허가해주지 않을 것 같았다. 눈앞에 펼쳐진 이토록 풍요로운 경관을 포기하다니……. 그러기는 아깝지!

남쪽 정원에는 블루베리와 산딸기, 캐나다 채진목 등 식용 가능한 열매가 달리는 나무를 가득 배치했다. 나무는 총 50그루 정도 식재했다.

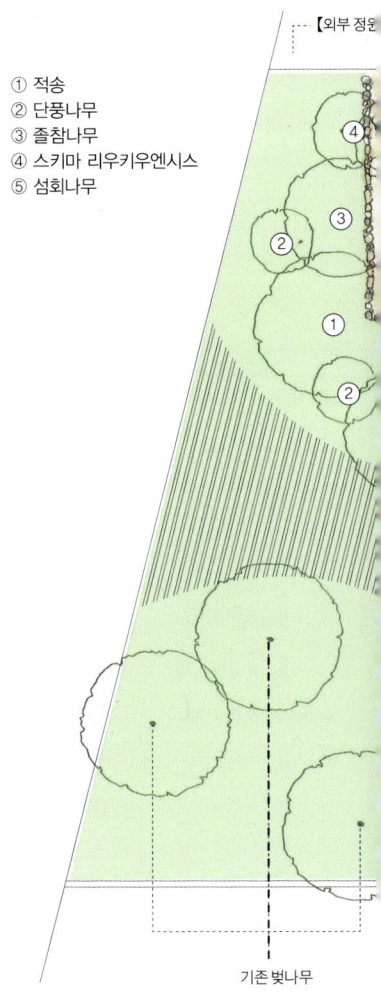

【외부 정원】

① 적송
② 단풍나무
③ 졸참나무
④ 스키마 리우키우엔시스
⑤ 섬회나무

기존 벚나무

조경 계획도 S = 1:100

그래서 자치회 회장을 만나 방풍림 기능은 남겨 놓으면서 밑가지를 전정하고, 그 대신 대지 내에 적송과 순비기나무를 심어 소나무 숲 풍경을 보존하고 연결되도록 하겠다고 협상 제안을 했다. 이 제안에는 자치회 회장도 찬성하며 기꺼이 허가해주었다. 그 덕분에 대지 내에서 호수의 수면을 조망할 수 있게 되었고, 아름다운 비와호와 소나무 숲 풍경이 정원 앞까지 연결되게 되었다.

준공 당시의 「비와호 호반의 집」. 앞쪽 벚나무에 꽃이 피어 서서히 정원과 건물이 어우러져간다. 세 그루의 적송이 대지에 깊이감을 더해준다.

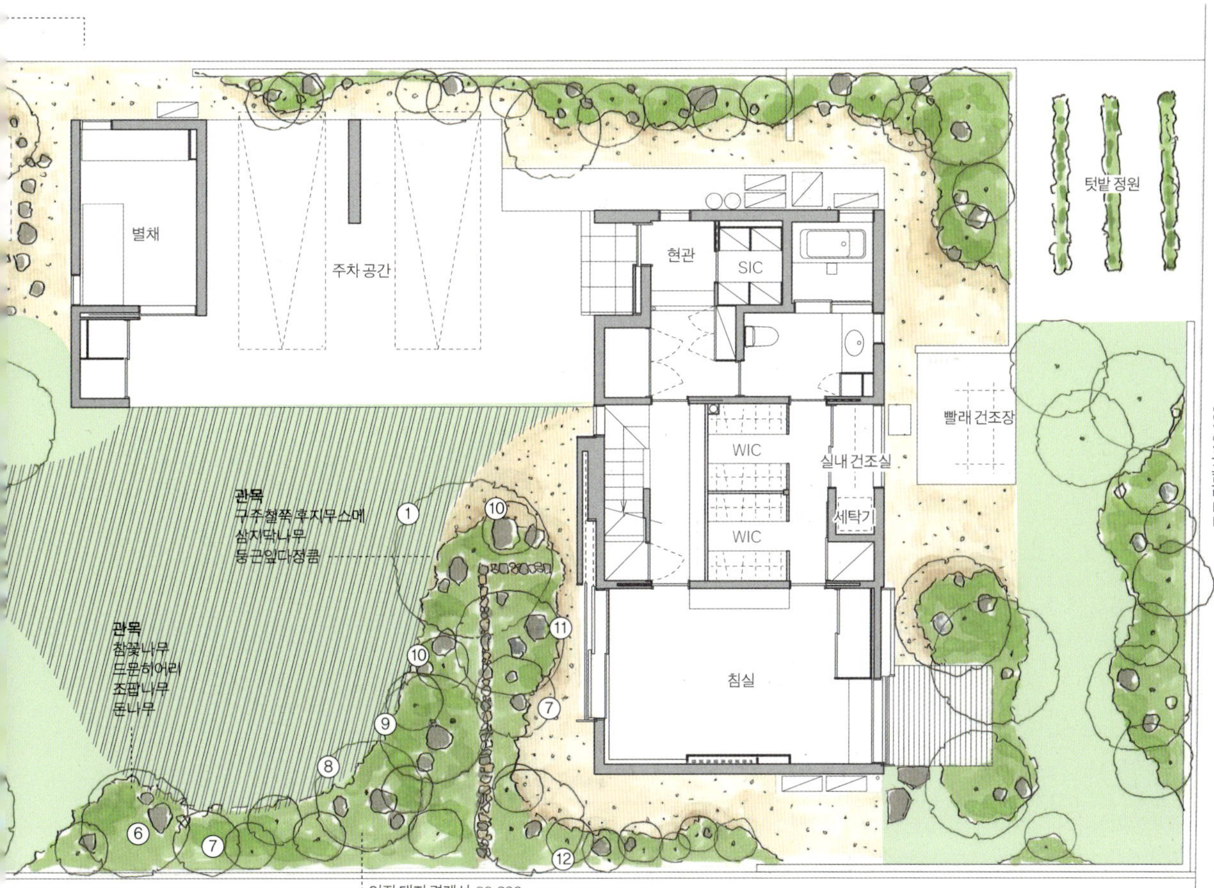

⑥ 일본쇠물푸레나무
⑦ 단풍철쭉
⑧ 새덕이
⑨ 왕벚나무
⑩ 시볼드 당단풍
⑪ 캠퍼철쭉
⑫ 가시나무

관목
진달래 '카네코'
참꽃나무
사쓰마 퍼진철쭉
둥근잎다정큼
삼지닥나무

이테아 비르기니카
토사일본바위조팝나무
조팝나무
돈나무

【중정】

대지에서 나온 돌로 담장을 만든다

일본 오사카에서 특급 열차 선더버드를 타고 호쿠리쿠 방면으로 가다 보면 시가현 부근에서 오른쪽 차창 밖으로는 비와호 풍경이, 왼쪽에는 소박한 돌담으로 된 계단식 밭이 이어진다. 그 풍경이 뇌리에 남아 있었는지 현장에서 굴착 공사를 하다가 돌이 여기저기에서 나오는 것을 보고 돌담을 만들면 어떨까 하는 생각이 들었다. 처음에는 콘크리트 담장을 미장 마감할 계획이었으나, 그 자리에서 바로 이레이 씨에게 전화를 걸어 '돌담으로 변경하면 어떻겠냐'고 제안했다. 건축주도 이레이 씨도 흔쾌히 승낙해주어 즉시 석공에게 돌을 쌓게 했다.

그리고 앞뜰에 있는 담장은 원래 안채 앞에 한 곳에만 만들 예정이었으나, 별채 옆에 있는 정화조가 생각 외로 눈에 띄는 것 같아서 그것을 가리기 위해 이것 또한 현장에서 담장을 쌓으면 어떻겠냐고 제안하자, 이레이 씨가 그 자리에서 도면을 그려주어 돌담을 한 곳 더 추가하게 되었다. 높이는 1200㎜ 정도로 낮게 쌓았으나, 전체적으로 안정감이 느껴지는 효과도 얻을 수 있게 된 것 같다.

서쪽에서 대지를 바라본다. 건물 옆에는 왕벚나무를 새로 심고, 하부에는 진달래 '카네코'를 넣어주었다.

돌담 만드는 방법

① 돌은 모르타르와 접착이 잘 되도록 표면의 오염된 부분이나 먼지를 미리 제거해 둔다.

② 기초 콘크리트 타설.

③ 철근(13㎜)을 150㎜ 간격으로 배근하여 조립한다.

④ 한 단씩 안과 밖 양면을 쌓아가며 틈을 모르타르로 메운다.

⑤ 돌은 단조롭지 않게 형태에 변화를 주어 크고 작은 돌을 섞어서 쌓아간다.

⑥ 꼭대기 돌은 수평이 되도록 면을 고르게 맞춘다.

비와호琵琶湖 호반의 집(시가현)

설계: 이레이 사토시 설계실
시공: 다니구치 공무점
대지 면적: 463.27㎡
건축 면적: 105.89㎡

풍경에 녹아들도록

택지 개발이라고 하면 수목은 한 그루도 남기지 않고 철거되고, 한결같이 콘크리트 옹벽에 둘러싸인 계단식 택지가 조성된다. 그리고 모든 세대에 콘크리트로 포장된 주차장에 알루미늄으로 만든 간이 차고와 대문이 설치되어 있다. 그야말로 개성 없고 삭막한 거리를 보면 스산한 느낌마저 든다.

조경이란 그런 거리를 숲으로 되돌려놓는 작업, 그리운 옛 풍경을 되돌려놓는 일이라고 생각한다. 그래서 그 지역에서 생식하는 나무나 저 멀리 산에 보이는 나무를 가져와 심고, 그 토지의 자연적인 모습을 재현하듯 정원을 만들어간다. 비와호 호반의 집은 정원이라기보다 풍경을 만드는 일이었다는 생각이 든다.

03. 식재 계획은 입면도를 보며

시모다의 집 서쪽 외관. 창문 옆에 녹음이 닿도록 교목을 심었다.

거리에서 집이 어떻게 보일지, 지나가는 사람에게 어떤 메시지를 보낼지……. 주택은 거리 풍경의 일부이기 때문에 집 외관이 주위에 끼치는 영향은 매우 크므로 그 지역 사람이나 이웃들도 좋아하는 외관을 만들고 싶다. 그래서 식재 계획을 세울 때는 반드시 입면도를 보여 달라고 한다. 그리고 주택이 아름답게 보이는 녹음 배치를 검토하고 전체적인 식재 분위기를 잡아간다.

또한, 식재 계획에서는 거리나 이웃집에서 보이는 모습뿐 아니라 집 안에서 보이는 모습도 중요하므로 입면도를 보고 창문 위치도 확인한다. 이처럼 안팎에서 어떻게 보이는지를 고려하여 녹음을 배치해간다. 그렇게 입면에서부터 나무의 높이와 형태가 정해지면서 '나무숲에 호젓이 자리 잡은 건축'에 근접해 가는 것이다.

이레이 사토시 씨가 설계한 「시모다의 집」이 건축된 일본 시가현 고난시의 시모다라는 지역에는 아직 적송 원생림이 남아 있던 터라 식재에도 적송을 적극적으로 활용했다. 대지는 서향 햇빛이 특히 강한 곳이었으므로 직사광선을 누그러트리기 위해서라도 햇볕에 잘 견디는 적송이 적합했고, 그 외에 일본쇠물푸레나무, 졸참나무도 배치했다.

또한, 완만한 경사지였으므로 옹벽을 세워 지반선을 높이는 것이 일반적이지만, 서쪽 면의 일부는 돌과 식물을 흙막이로 이용하여 원래 그렇게 생겼을 법한 지형(지반선)을 재현했다.

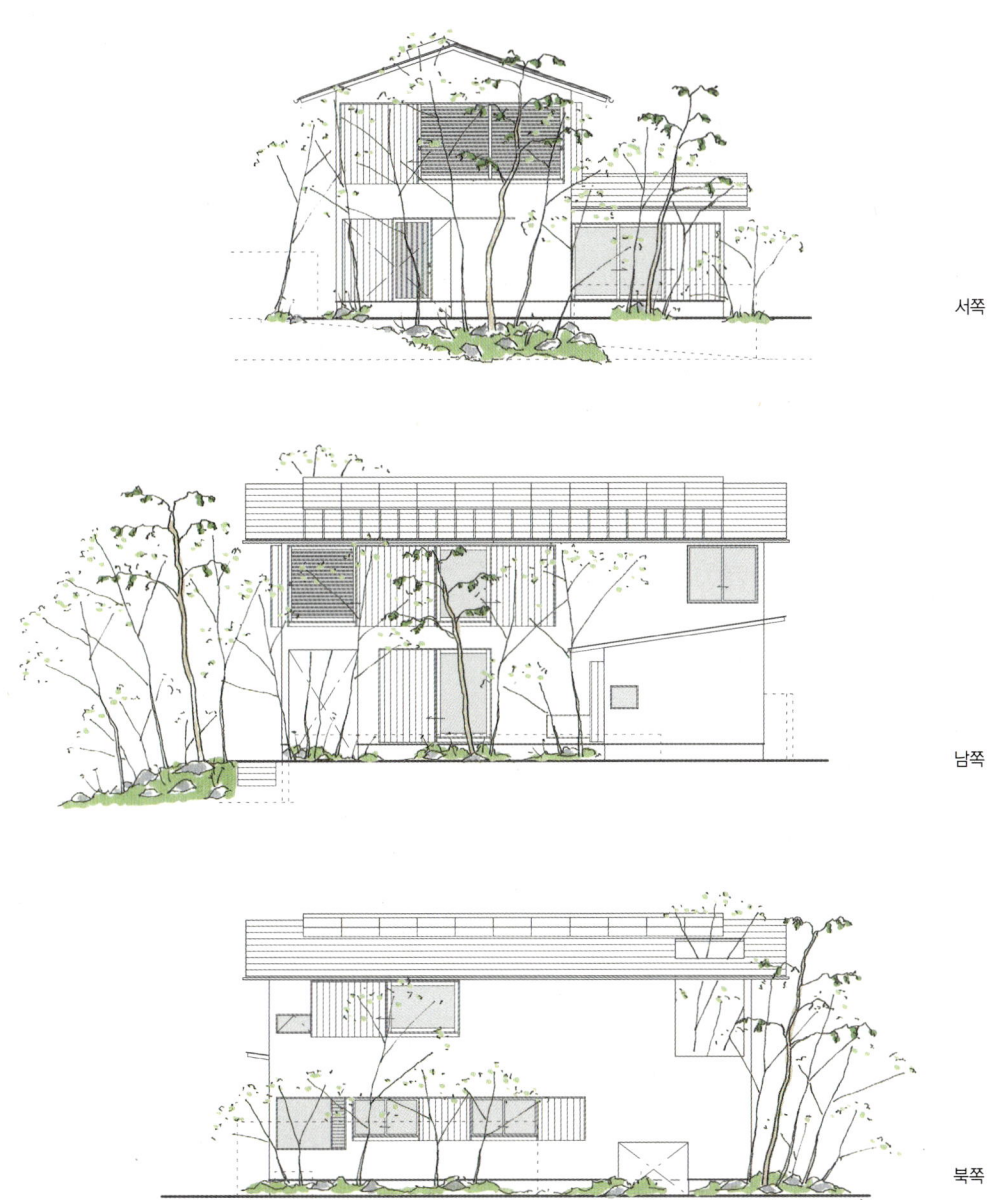

서쪽

남쪽

북쪽

04. 건물 가까이 나무를 심는다

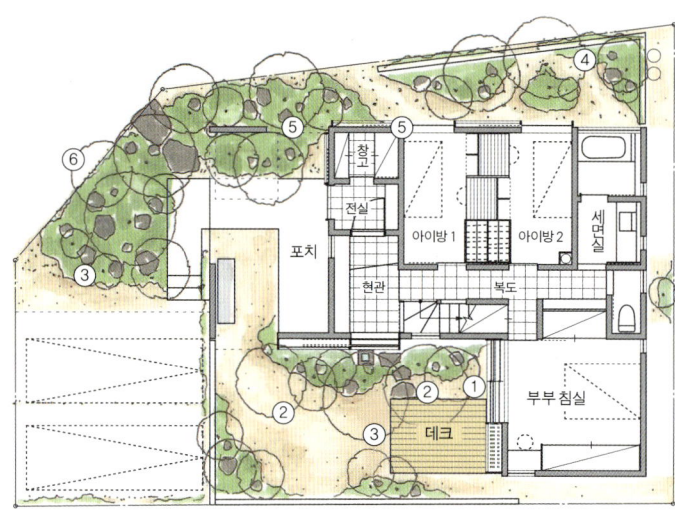

시모다下田의 집(시가현)
설계: 이레이 사토시 설계실
시공: 다니구치 공무점
대지 면적: 194.90㎡
건축 면적: 75.18㎡

① 일본당단풍
② 산딸나무
③ 적송
④ 꽃산딸나무
⑤ 일본쇠물푸레나무
⑥ 이팝나무

S = 1:200

식재는 과감하게 건축물 가까이에 심는 것이 포인트다. 그렇게 함으로써 건축물과 정원을 일체화시킬 수 있다. 특히 건축물의 모퉁이나 구석에 툭 꽂아 넣듯이 나무를 배치하면 마치 그 나무를 피해서 건축물을 지은 것처럼 보이므로 개인적으로 이 방법을 즐겨 이용한다. 그 이유는 원래 그 곳에 나무가 있었고, 그 나무에 맞춰 집을 지은 것처럼 보이게 하기 때문이다. "어? 이거 심은 거야?"라는 말을 들으면 성공한 것이다(웃음).

또한 창문 가까이에 식재함으로써 서향 햇빛을 차단하고, 시원한 바람을 실내에 유입시킬 수 있다. 낙엽수는 겨울에는 줄기와 가지만 남기 때문에 햇빛이 실내로 들어올 수도 있고, 쾌적한 공간 조성에 부합하는 점들이 많다.

그렇다고 무턱대고 건축물 가까이에 심는다고 좋은 것은 아니다. 가지와 잎이 건축물을 뒤덮기도 하고, 뿌리를 뻗는 형태에 따라서는 건물을 훼손시킬 수도 있으므로 수목의 생장에 맞춰서 근접 식재 너비를 검토한다. 요즘은 전면기초이기 때문에 위험성이 적기는 하나, 줄기초의 경우는 뿌리에 의한 균열이나 들뜸 현상 등의 위험성을 고려하여 조금 거리를 두어 심고, 뿌리의 번식이 왕성한 수종은 피한다.

자주 사용하는 일본쇠물푸레나무(교목)는 생장 속도가 느리므로 건물 가까이에 심기 좋다. 이 외의 나무라도 잎의 수가 증가하지 않게 손질하고, 솎음 가지치기(136쪽)나 뿌리 끊기(뿌리의 끝부분을 절단하여 나무의 생장 및 세력을 억제하는 것) 등을 통해 어느 정도 생장을 조절할 수 있다. 다만, 지나치게 생장 속도가 빠른 것은 피하는 편이 좋다. 가령 느티나무는 20~30년 만에 건축물을 기초부터 들떠버리게 할 정도의 크기가 된다. 대지가 40평 정도의 주택에는 배치해서는 안 되는 나무라고 할 수 있다. 상록수 중에서는 일본 재래종이며 더디게 생장하는 동청목 등을 추천한다.

살며시 주거 공간으로 다가서는 매력적인 초록빛

1층 침실에서 창밖을 바라본 모습. 적송, 산딸나무, 시볼드 당단풍의 줄기가 나란히 줄지어 개구부 앞으로 성큼 다가선다.

05. 건축이라는 그릇에 정원을 담는다

꽃을 꽂으려면 화기花器가 중요하다. 그와 마찬가지로 정원의 경우에는 식물을 심을 건축물이나 외관이 매우 중요하다. 정원의 배경이 되는 외벽이나 담장에 따라 정원이 다르게 보이며, 벽이 정원이라는 그림의 캔버스가 되어 식물을 아름답게 돋보이게 한다.

또한 식물을 배치할 위치와 높이에는 특히 신경 쓴다. 설계 단계부터 입면도를 제작해 건물의 전체적인 균형을 살펴보며 구상해 나간다. 예를 들어 모퉁이나 구석에는 높은 수목을 배치하거나, 옆으로 긴 건물이면 중심이 아닌 3:7이나 6:4 위치에 주목을 배치하기도 한다. 그러나 가장 배치하고 싶은 곳에 식재 공간이 확보되지 않는 경우가 많다. 주차장이나 진입로, 테라스나 우드 데크, 전실, 처마 및 차양 등과 위치가 맞지 않아 원하는 장소에 식재할 수 없는 경우가 많다. 그런 것들을 설계 단계부터 고려해 나간다면 식물의 아름다움을 한껏 살린 정원을 만들 수 있다고 생각한다.

주차장, 진입로, 여백의 균형이 독특하게 구성되어 있어 식재가 돋보이는 외관이 되었다. 높이 2100㎜의 철근 콘크리트 벽과 출입구의 차양에 의해 정면에서는 건물이 보이지 않는다.

세키스이 하우스의 「하마마쓰의 집」은 외관 설계 단계부터 상의해 나갔다. 사생활 보호가 조건이었으므로 출입구에 2개의 벽과 차양을 설치할 것을 제안했다. 차양은 주차했을 때 트렁크를 열면 바로 위에 위치할 정도의 높이이며 비가 올 때는 차양 아래에서 짐을 꺼낼 수가 있다. 철근 콘크리트 벽을 사이에 두고 외부 정원과 중정의 식재가 일체화되어 깊이감 있는 분위기를 자아내고 있다.

하마마쓰浜松의 집(시즈오카현)
설계: 세키스이 하우스
시공: 세키스이 하우스
대지 면적: 426.88㎡
건축 면적: 130.75㎡

도로에서 현관까지 진입로를 길게 만들고, 출입구를 지나면 풍요로운 정원이 펼쳐지는 구조여서 현관에 도착할 때까지 방문객이 녹음을 즐길 수 있게 되어 있다.

06. 녹음의 양은 지나치게 많지도 적지도 않게

• BEFORE •

• AFTER •

수목이 어느 정도 있느냐에 따라 주택이 전혀 다르게 보인다. 단 한 그루만 덩그러니 식재된 상징목만으로는 운치가 없고, 일본 정원처럼 으리으리하게 만들어도 현시대의 집과는 어울리지 않는다는 생각이 든다.
녹음의 양은 지나치게 많지도 적지도 않은 균형감이 중요하다. 식물은 밀집되어 있는 것보다 공간이 있는 편이 가지가 바람에 흔들리기도 하고, 나뭇잎 사이로 햇살이 들어오기도 하는 등 기분 좋은 일들이 많이 생긴다. 그래서 공간이나 여백을 두고 식재를 한다. 포인트는 평면에서도 입면에서도 부등변 삼각형을 그리듯이 식물을 배치해가는 것. 반대로 피해야 하는 것은 나열식이다. 균일한 간격으로 똑같은 나무가 늘어서 있는 모습은 동양적인 거리 풍경과는 맞지 않는다는 생각이 든다.
안도 공무점의 신사옥은 주택가 안에 의도적으로 건물을 작게 짓고 안쪽에 배치함으로써 전면에 정원을 조성할 공간이 확보되어 있었다. 그래서 건물을 감싸듯이 수목을 심고, 진입로에서 실내까지 녹음이 유도하는 듯이 식재했다. 간소하고 소박한 건물이 자연과 하나가 되어 풍요로운 분위기를 자아내고 있는 것이 느껴질 것이다.

부등변 삼각형을 그리듯이

안도安藤 공무점 사옥(오카야마현)

설계: 안도 공무점
시공: 안도 공무점
대지 면적: 235.49㎡
건축 면적: 36.5㎡

수목은 부등변 삼각형을 그리듯이 배치해간다. 수목의 높이나 잎의 양에도 변화를 주며 나무숲을 조성한다.

07. 높이가 다른 나무를 조합하여 입체적으로

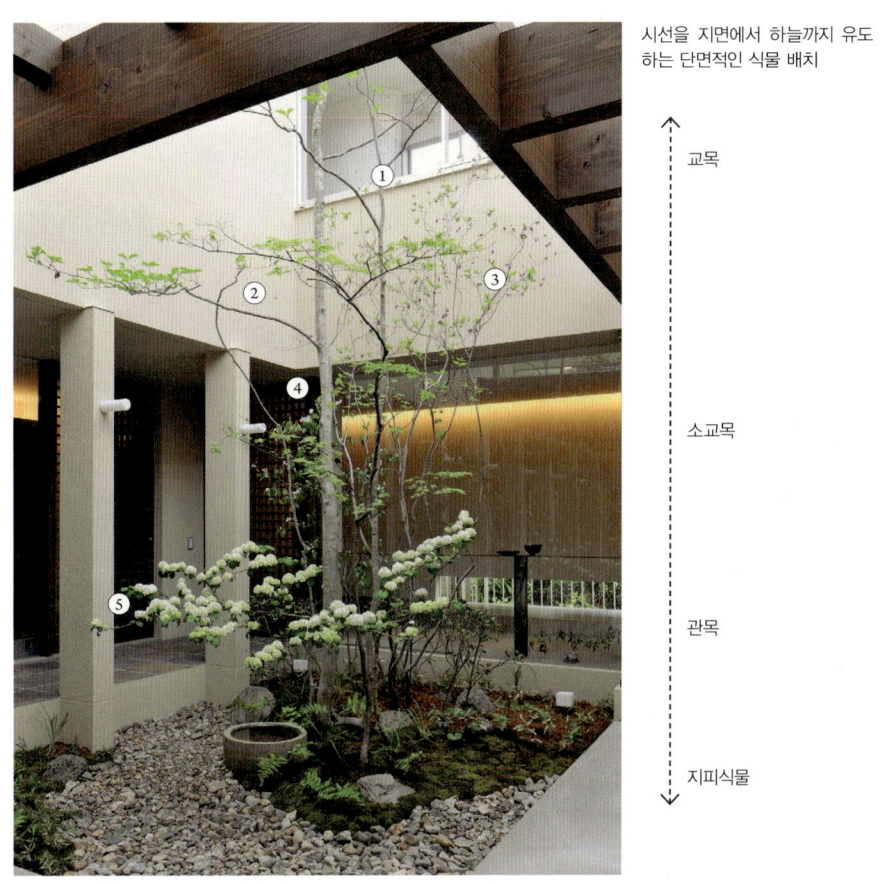

시선을 지면에서 하늘까지 유도하는 단면적인 식물 배치

↑
교목

소교목

관목

지피식물
↓

① 대팻집나무(개화 시기 5월~6월)
② 퍼진철쭉(개화 시기 5월 중순~6월)
③ 단풍나무(개화 시기 4월 중순~5월 상순)
④ 미르타케아 노린재나무(개화 시기 5월)
⑤ 설구화(개화 시기 5월 초순~6월 중순)

0.5평에도 다섯 그루를 심을 수 있다

식재는 기본적으로 교목, 소교목, 관목, 지피식물로 구성된다. 교목은 2층에서의 시선, 소교목은 1층 또는 지상을 걸을 때의 시선, 관목은 앉아 있을 때의 시선, 그리고 하부의 지피식물. 이처럼 높이가 다른 여러 종류의 식물을 조합함으로써 전체가 입체적으로 보인다. 혹시 넓은 공간이 없으면 식재를 못 한다고 생각하지는 않는가? 그렇지 않다. 0.5평 정도의 공간만 있으면 다섯 그루의 수목을 배치할 수 있다. 잎이나 꽃 종류에 변화를 주어 개화 시기가 각각 다른 수종을 선정하면 일 년 내내 꽃이 피고 단풍이 드는 변화를 즐길 수 있다. 겨울에는 바닥에 놓은 물확에 동백 등의 꽃을 띄워보는 것도 좋을 것 같다.

공간이 없다고 예쁜 주립형 나무를 한 그루 심는다면 한 종류의 꽃이 일정 기간 피었다가 지고 만다. 서서히 변화가 지속되는 것이 자연스럽고 즐겁지 않은가? 단 0.5평짜리 작은 정원에도 이렇게 많은 것을 할 수 있다고 생각하면 가능성이 무궁무진하다.

08. 꽃꽂이처럼 주축을 정한다

건축가 다가시라 겐지 田頭健司 씨가 설계한 「고원의 집 II」의 외부 모습. 단 0.5평의 식재 공간에 일본쇠물푸레나무(주축)를 배치하고, 산딸나무, 단풍나무, 삼지닥나무를 조합하여 총 다섯 그루를 심었다. 여름에는 잎이 무성해져 겨울과는 또 다른 분위기를 연출한다.

식재에도 그만해야 할 때가 있다

건축 설계에는 심플하게 완성하기 위한 뺄셈이 있다. 불필요한 선을 지워가면 더욱 단정하고 아름답게 정리되어 간다.

반면 조경이라는 것은 덧셈이 기본이다. 수목을 한 그루 두 그루 더해 간다. 일본 꽃꽂이에 나게이레˙라는 형식이 있는데, 조경도 건축물을 화기라고 가정하고 마찬가지로 수목을 넣어가는 것이다. 그리고 '이제 이쯤에서 그만 넣자. 이 정도가 가장 아름다워'라는 순간에 멈춘다. 그만해야 할 때가 있는 것이다. 수목이나 초화류도 심으면서 어느 정도에서 멈출지를 생각해야 한다.

구체적으로 말하면, 우선 주축이 되는 나무를 정하고, 그것에 소교목을 더해간다. 일본 꽃꽂이에서 말하는 체体(상부 가지), 용用(중간 가지), 류留(하부 가지), 첨添(보태는 가지)의 개념과 같다. 주축이 되는 나무는 위로 뻗은 직선적인 나무도 좋으나, 잔가지가 옆으로 뻗은 숙성된 나무도 배치하는 편이다. 교목은 빛을 향해 자라는 모습이 아름다우며 굽은 나무가 더욱 자연스러워 보이므로 아름답게 마무리된다.

또한 교목은 천천히 생장하는 수종을 선정하도록 한다. 나무 밑이 어두워지지 않도록 잎 색이 연하고 빛이 투과되는 낙엽수가 좋다. 가을에는 단풍이 들고, 겨울이 되면 잎이 떨어지는……. 녹음 너머로 모습을 감추고 있던 건물이 낙엽이 지면서 전모를 드러내는……. 계절에 따라 건물의 모습이 달라진다니 드라마틱하지 않은가.

• 나게이레: 아무렇게나 꽂은 것처럼 자연미를 살리려는 꽃꽂이의 한 방식

09. 생명력이 느껴지는 수형을 고른다

수형*은 곧게 뻗은 것이나 한쪽으로 치우친 것 모두 좋으나, 숲 속에서 경합하며 생장한 것이 생기 있고 아름다우므로 그 모습을 재현할 수 있도록 선정한다. 예를 들어 교목이 있다면 그 아래에 있는 나무는 빛을 찾아 옆으로 가지와 잎이 뻗어 나간다. 빛을 받기 위해 다양한 종류의 나무가 서로 파고들며 자연스럽게 자리를 잡은 그런 모습이다. 그래서 나무는 농원에서 묘목부터 키운 것뿐 아니라 가능한 야산에 가까운 환경에서 자란 것을 사용한다.

단, 나무의 종류는 장소에 맞게 선정해야 한다. 자연 속에서 잡목은 무질서하게 자라므로 서로 그늘을 드리우는 경우가 많다. 그러므로 반그늘을 좋아하는 단풍나무 같은 수목도 있고, 햇볕을 좋아하지 않는 수목도 적지 않다. 서양 햇빛에 견디려면 햇볕을 좋아하는 나무를 사용한다.

또한 같은 나무라도 어디에서 자랐는지에 따라 성질이 크게 다르다. 어두운 북쪽 경사면의 산 속에서 자란 나무, 밝은 남쪽 공터에서 자란 나무, 산등성이에서 자란 나무, 골짜기에서 자란 나무……. 골짜기에서 자란 나무는 수분을 많이 필요로 하므로 일반 주택에는 그다지 적합하지 않다. 이처럼 산에서 채취한 나무를 사용할 때는 산을 전체적으로 보고 선택한다. 단풍나무라면 물이 적어도 괜찮은 능선에서 자란 것이 좋다. 혹독한 환경을 견뎌낸 나무는 멋진 자태를 지니고 있다. 생명력이 느껴진다고나 할까. 분재가 그렇지 않은가? 수령이 100년 된 소나무 같은 것은 크기는 작아도 인내하며 자란 아름다움이 우리를 매료시킨다.

이러한 생명력이 느껴지는 수형은 겨울에 더욱 빛을 발한다. 잎이 떨어진 뒤 그 아름다운 수형이(하세가와 도하쿠長谷川等伯의 '송림도'나 히시다 슌소菱田春草의 '낙엽'처럼) 수묵화의 경치를 그려내는 것을 보면서 쓸쓸하면서도 깊은 풍취를 음미하는 것도 겨울 정원에서 느낄 수 있는 즐거움일 것이다.

- 수형: 수목의 뿌리, 줄기, 가지, 잎 등이 종합적으로 나타내는 외형.

건축가 마에다 게스케 씨가 설계한 「마음 Comfort Gallery 그릇」의 진입로. 포장재로 방초토라는 자연의 흙에 가까운 재료를 사용하여 목재 패널로 마감한 외벽이나 목재 아치와 조화를 이루고 있다. 진입로에 식재를 어떻게 접목할지에 대해 현지에서 마에다 씨와 상의하여 진입로 곳곳에 수목을 식재할 장소를 만들게 되었다.

10. 외부 정원으로 거리에 녹음 나눠주기

단독주택의 조경을 계획할 때 담장을 조금 후퇴시켜서 그 자리에 나무를 심어 '외부 정원'을 만들 때가 있다. 대지에 여유가 없는 경우라도 진입로나 출입구에 식물을 심거나, 거리에서도 안쪽에 있는 정원의 녹음을 즐길 수 있도록 담장 높이를 낮추거나, 벽이 아닌 격자 구조물이나 루버를 설치하는 등의 방법을 모색한다. 거리와 그리고 이웃과 나누는 녹음이다. 모든 집이 그렇게 거리에 녹음을 제공하면 마을 풍경이 점점 풍요로워질 것 같지 않은가?

또한 꽃이 피고, 열매를 맺고, 나비가 날아드는 현상을 통해 이웃과 그리고 지나가는 이들과 대화를 나누게 된다. 외부 정원은 마을 공동체를 회복시켜주는 힘도 내포하고 있다는 생각이 든다.

건축가 요코우치 도시히토 橫内敏人 씨가 설계한 「내부 정원·외부 정원의 집」에는 도로에 면한 외부 정원이 있다. 이곳에서는 건물의 기초를 높게 올려줌으로써

좁은 공간에 입체적인 석가산石假山을 만들 수 있었다. 식물을 넉넉히 심고, 경사면은 돌로 고정시켰다. 석가산을 만들면 식물을 더욱 가까이에서 볼 수 있으므로 집 앞을 지나가는 이들도 분명히 즐거워할 것이다. 열매나 꽃이 달리는 식물을 배치하여 계절을 느낄 수 있게 했다.
이 집 안주인은 아침저녁으로 물을 주기 위해 밖으로 나와서 집 앞을 지나가는 이들에게 "안녕하세요.", "다녀오셨어요."라는 말을 건네며 이웃과의 교류를 즐기고 있다고 한다. 이웃과 사이좋게 지내는 것. 그것이 외부 정원의 진정한 목적이라고 생각한다.

내부 정원·외부 정원의 집 (오사카)

설계: 요코우치 도시히토 건축 설계사무소
시공: 코아 건축공방
대지 면적: 328.65㎡
건축 면적: 177.91㎡

※평면도는 73쪽에 게재

남동쪽 전경. 교목은 일본쇠물푸레나무와 단풍나무를 심어 심플한 외관에 나무 그림자가 비치도록 했다. 관목은 페이조아, 블루베리 등 열매를 맺는 나무를 배치하여 거리에 색채를 더해주고 있다.

11.

녹음이 많아지면
거리의 모습도 바뀐다

세타가야구 Y 저택(도쿄)

설계: 히코네 건축설계사무소/히코네 아키라
시공: 와타나베 기건
대지 면적: 164.24㎡
건축 면적: 104.34㎡

높은 벽과 조화를 이루도록 식재는 키가 큰 일본쇠물푸레나무, 시볼드 당단풍 등을 심어 창문에 가지와 잎이 닿도록 배치했다. 여름에는 나무수국 꽃이 골목을 장식한다.

외부 정원과 관련하여 하나 더 소개하고 싶은 사례가 있다. 히코네 아키라彦根明 씨가 설계한 「Y 저택」이다. 주택 밀집 지역에 있는 이 집은 공공 도로인 작은 계단이 인접해 있어 외부 정원과 함께 계단 옆도 식재를 하면 어떻겠냐고 제안을 했다. Y씨와 히코네 씨 모두 흔쾌히 승낙해주어 즉시 구청에 문의해본 결과 담당자도 유연하게 의견을 수용해주어서 외부 정원과 하나가 된 공공 도로의 녹화가 실현되었다. 문제가 생기면 바로 철거한다는 것이 전제조건이기는 하지만, Y씨, 히코네 씨, 구청 관계자의 '좋은 거리를 만들어 가자'는 마음이 더해져 실현될 수 있었기에 감사할 따름이다.

콘크리트 담장을 세우는 대신 외부 정원을 조성하여 거리에 녹음을 제공한다.

12.

외부 정원 벤치는 쉼터

소자総社**의 집(오카야마현)**

설계: 세키스이 하우스 구라시키지점
　　　오야마 히로시尾山宏司
시공: 세키스이 하우스
대지 면적: 602.22㎡
건축 면적: 187.66㎡

출입구 정원에 놓인 벤치는 아이들이 단체 등교를 할 때 만남의 장소로 이용하는 등 어느새 동네 풍경과 하나가 되었다.

길모퉁이에 소소한 행복한 풍경을

출입구 정원에 벤치를 놓는 경우가 있다. 앉을 곳이 있으면 우선 호기심이 왕성한 아이들이 와서 앉는다. 그 다음은 어른들도 찾아와서 앉게 되면서 교류가 이루어진다.
옛날에 나이 지긋한 어르신들이 툇마루에서 장기를 두거나, 여름철에 밖에 앉아 더위를 식히곤 했던 풍경을 되살리고 싶다는 바람을 가지고 있다. 집 앞에 사람이 앉아 있는 것만으로 방범 효과도 있다고 생각한다. 그래서 이웃이나 지나가는 사람들에게 마치 '여기 앉으세요'라는 듯이 외부에 벤치를 놓는다. 소통의 도구로도, 마음 편히 쉴 수 있는 장소로도 벤치는 참 좋다.

13. 인터폰에서 현관까지의 거리

출입구 주변에는 인터폰을 설치하는 장소에도 상당히 신경을 쓴다. 예를 들어 후미진 대지라면 대지 입구에 문패와 함께 인터폰을 설치한다. 손님이 "딩동"하고 벨을 누르면 집주인이 "어서 들어오세요"라고 할 것이다. 그때부터 손님은 현관까지 어느 정도의 시간을 들여서 걸어온다. 그동안 집 주인은 현관으로 이동하여 문을 열고 손님을 맞이하게 된다. 즉 인터폰에서 현관까지의 시간(거리)이라는 것은 주방이나 거실에 있는 인터폰을 받은 후 잠시 매무새를 가다듬고 현관까지 이동하는 시간이라고 생각할 수 있다.

진입로를 끝까지 걸어와서 현관 앞에 인터폰이 있다면 손님을 맞이할 때까지 기다리게 할 수 있다. 또 서둘러 문을 열다가 부딪칠 수도 있다.

편하다는 이유로 도로에서 바로 현관에 도착해버리면 운치가 없으니, 설령 좁은 대지라고 해도 가능하면 진입로의 거리를 확보하고자 하는 의식을 가졌으면 한다. 도무지 거리를 확보할 수 없는 경우에는 출입구와 현관문의 방향을 평행선상에 배치하지 말고, 출입구에서 현관문이 정면으로 보이지 않도록 현관문의 방향을 바꾸거나 벽을 세우거나 하면 된다. 그리고 벤치를 놓는다. 코트를 벗거나 할 때 짐을 올려놓을 수도 있어서 편리하다.

또는 "금방 돌아올 테니 앉아서 기다려주세요"라며 손님을 앉아서 기다리게 할 수도 있어서 좋다. 벤치 옆에 작은 정원을 만들어 놓으면 기다리는 동안에도 지루하지 않다. 그럴 때는 일부러 천천히 다녀오면서 정원을 즐기게 해도 좋을 것 같다.

세이조成城의 집(도쿄)

설계: 유쿠칸 설계실
시공: 와타나베 기건
대지 면적: 235.74㎡
건축 면적: 93.76㎡

T자로 안쪽에 있는 현관 앞에는 꽃이 피는 수목을 심어 지나가는 사람들이 멀리서라도 녹음을 즐길 수 있는 출입구로 만들었다. 부담 없이 앉을 수 있도록 벤치를 놓은 덕에 이웃에게 "고마워요"라는 말을 들었다. 현관문을 열면 통로에서 불어오는 바람을 타고 집 안에 좋은 향기가 퍼지도록 바람이 불어오는 쪽에 향기가 좋은 서향나무를 심었다.

14. 식물로 자연스럽게 줄눈을 메운다

진입로나 주차장에 깔린 블록과 블록 사이 등 약간의 틈이 있으면 식물을 배치해주는 것만으로도 분위기가 전혀 달라진다. 솔잎가래가 빽빽이 심겨 있는 경우가 종종 있는데, 나는 다양한 종류의 식물을 사용한다. 지면에 여백을 남겨가며 앙증맞게 생긴 꽃이나 향기 나는 식물을 배치해주면 진입로는 걷는 것만으로도 즐거운 장소로 변모한다.

유칼립투스나 튤립 등의 구근류도 매우 흥미롭다. 흙속에 몇 개 심어 놓으면 봄이 되어 어느 날 볼록볼록 일제히 싹이 올라온다. '저 아저씨가 이렇게 앙증맞은 것을 숨겨놓았네'라고 생각해 준다면 제일 기분 좋을 것 같다. 조경사가 주는 깜짝 선물이다(웃음).

다가시라 겐지 씨가 설계한 F 저택에서는 판석을 깐 진입로 양옆에 수호초, 홍지네고사리, 상록윤판나물 등을 심어 녹음을 곁들이고, 부분적으로 크리핑타임을 넣어 진입로에 향기를 더했다.

15. 모던하게 연출하는 진입로

진입로의 소재는 건물과 맞추면서도 안전성(미끄럽지 않은 것)과 내구성(부패하지 않는 것)이 있는 것을 선택한다. 빗물 투수성이 있는 포장재 등도 좋다.

타일이나 돌을 사용하는 경우도 있으나, 기초 공사와 일체화된 콘크리트 진입로를 주로 만든다. 색채를 최대한 억제함으로써 녹음이 돋보이는 아름다운 입구가 되기 때문이다. 그럴 경우 기초 공사를 할 때 진입로도 같이 콘크리트로 만들어 달라고 한다. 베가 하우스에서 시공한 「호두나무 집」에서는 기초 상단을 이용하여 (외팔보) 캔틸레버 벤치를 만들었던 적도 있다. 이 때 콘크리트의 투박한 질감이 노출되는 부분은 얇게 테이퍼 처리해서 콘크리트이면서도 날렵하고 아름다운 수평 라인을 만들어 건물 하부가 가벼워 보이도록 했다.

호두나무 집(가고시마현)

설계: 베가 하우스
시공: 베가 하우스
대지 면적: 153.00㎡
건축 면적: 65.00㎡

16. 매력적인 진입로

건물에 어떻게 다가갈 것인가……. 매력적인 분위기를 만들기 위해서는 진입로를 만드는 방법이 매우 중요하다. 좋아하는 건축물 중에 교토의 다이토쿠지大德寺 고토인高桐院이라는 사원이 있는데, 그 진입로가 무척 좋다. 입구에 들어서면 싱그러운 이끼로 뒤덮인 참배 길이 이어지고, 양옆에는 자연 발아된 단풍나무의 잎이 무성하다. 그 너머에 있는 미지의 건축물에 대한 기대감에 부풀어 긴 진입로를 걷다보면 갑자기 소박하면서도 아름다운 정원이 나타난다. 이끼는 깔끔하게 손질되어 있고 절대 과하지 않은 일본다운 자연의 아름다움이 그곳에 표현되어 있었다. 단풍철이 유명하기는 하지만 신록의 계절에 꼭 한번 방문해보기를 바란다.

고토인의 참배 길이 아니더라도 주택의 진입로는 제일 먼저 손님을 맞이하는 장소이기도 하므로 조금 멀리 돌아오게 하여 가슴 설레게 하는, 호기심을 자극하는 구조로 만들어서 현관까지 유도했으면 한다.

진입로를 걷다가 녹음 저편으로 차츰 건물의 모습이 드러난다는 것이 무척 즐거울 것 같지 않은가.

사진은 마에다 게스케前田圭介 씨가 설계한 「아틀리에 비스크 돌」이다. 마에다 씨와 함께한 첫 작업이다. 담장을 공중에 띄워서 거리에 녹음을 제공하고 싶다는 마에다 씨의 설계를 바탕으로 그 흰색 띠를 그릇이라고 생각하고 수평 라인이 돋보이도록 높이 솟아오르게 식재했다. 입구에는 '여기로 들어오세요'라며 시선을 유도하는 의미도 담아서 키가 큰 산단풍나무와 시볼드 당단풍을 심었다.

대지 안쪽에 있는 현관까지 이어지는 긴 진입로에는 졸참나무와 캠퍼철쭉(소교목), 퍼진철쭉(관목) 등 높이가 다른 나무를 심어서 방문객이 눈으로도 즐길 수 있도록 의도적으로 연출했다. 얇고 하얀 철제 플레이트가 깔린 진입로는 녹음과 아름다운 대비를 이루고, 녹음 속에 그려진 곡선이 매력적이어서 걷는 사람이 즐거워하기를 바라는 배려의 마음이 느껴진다.

아틀리에 비스크 돌(오사카)

설계: UID/마에다 게스케
시공: 세이유 건설
대지 면적: 328.16㎡
건축 면적: 151.25㎡

그 길 끝의 주거 공간으로
가슴 설레며 걸어간다

17. 주차 공간을 아름답게

주차장에 알루미늄 소재의 간이 차고가 보란 듯이 설치되어 있으면 기껏 잘 만들어 놓은 주거 공간의 외관이 엉망이 되고 만다. 그렇다고 주차장을 안쪽에 배치해 보이지 않게 할 수도 없는 일이니 고민되는 부분이다.

가능한 주차장은 건물과 일체형으로 만들었으면 한다. 비를 맞지 않고 차에서 내려 집으로 들어갈 수 있는 동선도 확보할 수 있다면 편의성도 좋아진다. 일체형이 어려울 경우는 간이 차고의 지붕을 건물과 일체화된 디자인으로 만드는 것이 좋다고 생각한다. 호마레 건설사가 건축한 모델하우스 「CLOTH」는 철골로 경쾌한 디자인의 간이 차고를 만들어 일체화했다. 다가시라 겐지 씨가 설계한 「고원의 집 II」는 목조 2층 건물인데 외부 벽을 철근 콘크리트로 세우고 하이퍼 그레이팅을 설치하여, 안에 있는 간이 차고를 감쪽같이 숨기고 외관을 깔끔하게 마무리했다. 또한 이레이 사토시 씨가 설계한 「미나미요노의 집」은 빌트인 차고에 목제 격자문을 사용해 도로에서 녹음이 언뜻언뜻 보여 매우 싱그럽게 느껴진다. 히코네 아키라 씨가 설계한 「HOUSE M」도 셔터가 설치된 차고를 지나 안쪽에 중정이 있어서 셔터를 열어놓으면 도로에서 중정의 녹음이 잘 보인다.

모델하우스 CLOTH(도쿠시마현)
설계: 호마레 건설
시공: 호마레 건설
대지 면적: 237.46㎡
건축 면적: 108.11㎡

미나미요노南与野의 집(사이타마현)
설계: 이레이 사토시 설계실
시공: 자연과 주거 연구소
대지 면적: 157.74㎡
건축 면적: 86.63㎡

고원의 집 II(오사카)
설계: 다가시라 겐지 건축연구소
시공: 고세이 건설
대지 면적: 234.49㎡
건축 면적: 92.47㎡

House M(오사카)
설계: 히코네 건축설계사무소/히코네 아키라
시공: 조부
대지 면적: 534.83㎡
건축 면적: 293.56㎡

※ 평면도는 95쪽에 게재

18. 주차장을 정원처럼 꾸민다

대지의 여백, 즉 정원에 해당하는 공간의 거의 대부분을 차지하는 주차장을 아름답게 만든다는 것은 쉬운 일은 아니다. 차 두 대를 주차할 공간이면 콘크리트가 지면 전체를 뒤덮어버려 삭막하기 그지없는 인상을 준다. 원래 빗물은 지면에 침투되는 것이 자연스러운 것인데, 요즘은 무조건 콘크리트 포장을 해서 배수구로 흘려보내기 때문에 큰비가 내리거나 할 때는 역류하기도 한다. 그런 현상을 방지하기 위해서라도 나는 '빗물은 대지로'라는 생각을 갖고 있다. 녹지 면적을 최대한 늘리려고 한다. 주차장은 주로 콘크리트 씻어내기* 기법으로 마감하는데, 식물로 줄눈을 넣어 빗물이 빠져나갈 길을 만들어준다.

최근에는 콘크리트 블록과 잔디를 조합하여 마감하는 방법이 마음에 든다. 구체적으로는 골프장의 카트 도로용 블록을 재이용하거나 블록의 오목한 부분에 잔디를 심는 식생용 블록을 활용한다. 디자인이 심플해서 주차장도 정원처럼 보이게 할 수 있으므로 추천한다.

주의할 점은 위에 차가 계속 주차되어 있으면 엔진 열에 의해 잎이 타거나 무르고, 일조 부족으로 잔디가 말라죽는다. 그래도 방문객이 2~3일 주차하는 정도는 괜찮고, 사람이나 차가 드나들면 잔디 깎는 횟수도 줄어들기 때문에 사실은 손질하기도 편하다. 잔디가 자라면 블록 위에서 잔디 깎는 기계를 가동할 수도 있다. 잔디 깎기 높이는 2㎝ 정도로 조절하면 잘 깎인다.

- 씻어내기: 시멘트가 완전히 경화하기 전에 표면을 씻어내어 골재를 노출시키는 마무리 방법.

오카모토 사쿠라자카岡本桜坂의 집2(효고현)
설계: Y's design 건축설계실
시공: 가토 구미
대지 면적: 278.55㎡
건축 면적: 82.27㎡

차가 항상 주차되어 있기 때문에 잔디가 아닌 골프장의 카트도로용 블록과 자갈을 조합하여 시공했다. 목재 패널과 촘촘한 격자 구조물이 특징인 외관과 잘 어우러진다.

시모야마나시下山梨의 집(시즈오카현)
설계: 오우기 건축공방
시공: 오우기 건축공방
대지 면적: 243.00㎡
건축 면적: 98.11㎡

시모야마나시의 집은 차의 앞부분만 지붕 아래로 넣는 구조로 되어 있는 주차장이다. 따라서 지붕 아래쪽은 자갈을 깔고, 햇빛이 비치는 곳에는 식생블록 사이에 잔디를 심었다.

주차장을 이용해 풍요로운 거리 경관 조성

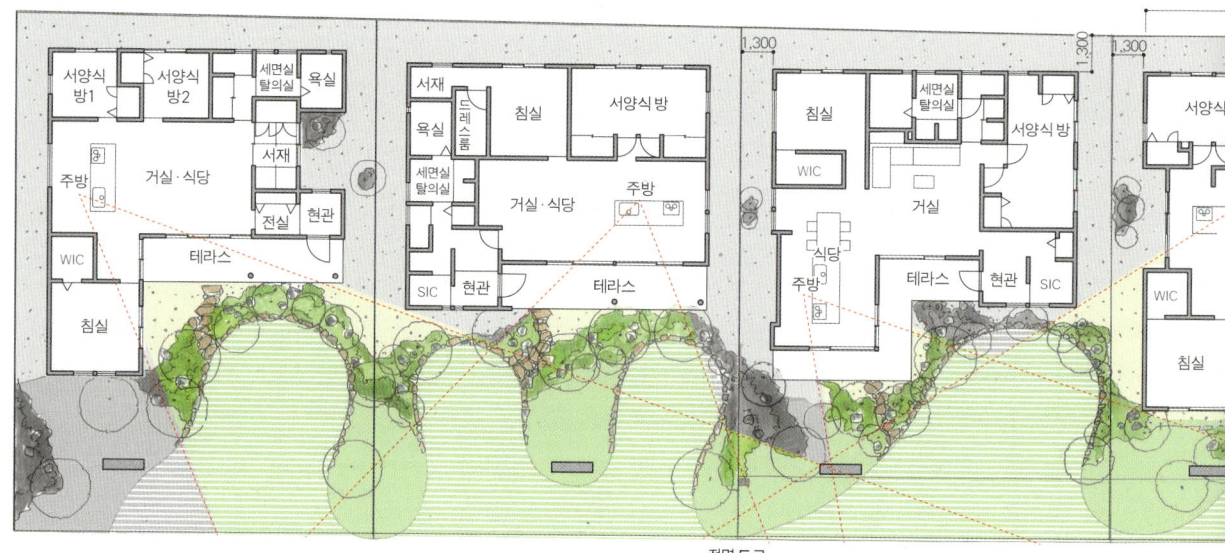

대규모 분양지의 한 구획에 단층 주택 두 채가 나란히 있는 분양 주택의 조경 시공을 했다. 설계 단계부터 계획에 참여했기 때문에 대지의 전체적인 녹음의 양부터 각 세대의 정원과 창문 배치까지 일일이 검토하여 조경 설계를 할 수 있었으므로 집과 정원이 하나가 된 주거 공간이 완성되었다.

거리의 콘셉트는 '숲 속에 호젓이 자리 잡은 가옥'이다. 각 건축물의 조경 계획을 통일함으로써 녹음에 일체감이 생겨서 거리 풍경이 현격히 좋아졌다. 또한 주차장을 앞에서 소개한 식생용 블록과 잔디를 조합하여 프런트 가든으로 조성했다. 주차장과 건물과의 높낮이 차이가 있어 흙쌓기를 하여 나지막한 언덕을 만들어서 자연 지형을 표현했다. 이렇게 하면 마치 원래부터 있던 지형 또는 자연 속에 살포시 집을 앉혀놓은 듯한 형태가 되기 때문이다.

또한 이 언덕의 지반선을 옆집과 연결하여 경계가 느껴지지 않도록 했다. 나지막한 언덕에는 자연석이 깔린 진입로가 있고, 그 끝에는 처마 밑 공간을 이용한 개방형 테라스가 있다. 실내에서 보이는 경치는 옆집의 녹음, 더 나아가 두 번째 옆집의 녹음까지 조망할 수 있도록 설계되었다. 이웃집 정원의 경치를 이용하면서도 생활공간은 서로 보이지 않게 했다. 이것이 설계의 묘수인 것이다. 이런 계획은 여러 채를 동시에 설계하는 분양 주택이기에 실현할 수 있었다.

프런트 가든을 사이에 두고 도로와 연결되는 단층 주택 두 채는 모두 바로 매매되었다. 현재 그 옆에 두 채가 새로 착공되었다. 정원까지 만들어서 분양하기 때문에 저절로 풍요로운 자연에 둘러싸인 거리가 조성되고 있다. 훗날 거리의 풍경이 기대된다.

같은 가치관을 가진 사람들이 모여 산다는 것은 그 지역 환경을 바람직한 형태로 유지해가기 위해 중요한 요소라고 생각한다. 이웃끼리 정원을 사이에 두고 대화를 나누기도 하고, 정원을 이용하는 방법을 서로 따라 하기도 하면서 그 옆에 또 그들처럼 정원을 좋아하는 사람이 올 것이다. 그렇게 정원이 연결되어 가며 거리가 녹음으로 가득 차게 된다. 아무것도 없던 땅에 풍경을 만들고, 그것이 가치가 되어 많은 사람들이 살고 싶어 하는 '아름다운 거리'가 되는……. 그런 것을 꿈꾸며 정원을 만들고 있다.

**CASE STUDY HOUSE ·
미타三田 정원(효고현)**

설계: 미사와 홈 킨키 지점/ 미야와키 세이지
시공: 미사와 홈 킨키 지점
대지 면적: 269.34㎡~294.44㎡
건축 면적: 117.78㎡~128.88㎡

프런트 가든을 겸한 앞뜰에서 돌계단을 올라가 현관 앞까지 간다.

주방에서 경치가 가장 아름답게 보이도록 평면도 작업 단계부터 식재 계획을 진행했다.

Chapter 1 아름다운 풍취를 만드는 녹음 조성법 035

19. 캐리지 포치의 재고

조경에도 재능을 발휘한 건축가 리처드 노이트라Richard Neutra는 원래 멋있는 캐리지 포치를 만드는 것으로 유명한 건축가였다. 바로 현관 앞에 차를 대었다가 그대로 차를 뺄 수 있는, 노이트라는 그런 설계를 특히 잘했다. 차를 넣기 어려운 곳에 몇 번이나 핸들을 꺾어가며 후진해서 넣는 것보다 빙 돌아서 나오는 것이 오히려 쉽고 편리하다고 생각하지 않는가? 특히 교외에서는 현관 앞에 차를 댈 수 있는 캐리지 포치가 있으면 매우 유용하다. 차가 드나들기도 주차하기도 훨씬 편해진다.

가고시마현에 있는 시공업체인 베가하우스에서 설계한 「깊은 차양과 캐리지 포치가 있는 단층집」에서는 캐리지 포치를 간이 차고로도 이용할 수 있도록 커다란 차양이 설치되어 있다. 출입구에는 대문이나 높은 담장을 만들지 않고, 대지 경계에 식물을 심고 캐리지 포치가 진입로 역할도 겸하여 현관까지 유도한다. 일석이조라고 할 수 있는 설계다.

깊은 차양과 캐리지 포치가 있는 단층집(가고시마현)

설계: 베가 하우스
시공: 베가 하우스
대지 면적: 364.69㎡
건축 면적: 113.43㎡

「깊은 차양과 캐리지 포치가 있는 단층집」은 낮은 위치에서 수평 라인이 강조되므로 수평적인 형태가 돋보이도록 서어나무, 졸참나무 등을 나란히 심고, 뒤편에 있는 이웃집 벚나무를 배경으로 새로 왕벚나무 네 그루를 배치하여 마치 벚나무길 속에 건축물이 살포시 내려앉은 듯한, 그런 풍경을 연출하고자 했다.

방문객을 배려한 점포의 캐리지 포치

보통 사무실이나 견본주택은 입구에서 조금 떨어진 장소에 주차장이 있어 방문객은 차를 주차한 다음 걸어서 건물 안으로 들어간다. 나가노현에 있는 시공 업체인 고바야시 창건의 견본주택 「Craft 마쓰모토 아트리움」에는 대지 내에 사무실 건물과 견본주택 건물 두 채가 있어 내부로 들어온 차는 빙 돌아서 어느 건물 입구에든 차를 댈 수 있도록 캐리지 포치를 제안했다. 돌아갈 때는 그대로 방향 전환하지 않고 나갈 수 있다.

그리고 견본주택 건물의 갈바륨 강판 지붕을 캐리지 포치까지 연장하여 차에서 내릴 때 비를 맞지 않도록 했다. 영업 사원이 손님을 모시고 왔을 때는 견본주택 건물 앞에 차를 대면 비를 맞지 않고 건물 안으로 들어갈 수 있다. 굳이 주차장을 만들 필요도 없고, 지붕도 차 전체를 덮을 수 있는 크기가 되지 않아도 서리가 낄 우려가 있는 자동차 정면 유리만 지붕으로 덮을 수 있으면 되므로 방대한 면적이 없어도 캐리지 포치를 겸한 주차장을 만들 수 있다.

녹음과 나뭇잎 사이로 비치는 햇살이 가득한 길을 차를 타고 지나가는 것만으로도 기분 좋은 일이다. 승차형 구매 시설인 드라이브 스루drive thru처럼 차 안에서 실내나 데크, 처마 밑에서의 생활상을 즐겁게 관람할 수 있다.

Craft 마쓰모토松本 아트리움 외관

원래 계획은 차가 직선으로 대지 안으로 들어와서 안쪽 주차장에 주차하는 동선이었으나, 각 건물에 캐리지 포트를 만드는 설계로 변경. 캐리지 포트를 계획할 때 의도적으로 벽을 조금 후퇴시키고 도로변에 수목을 심어 거리에 녹음을 제공하도록 했다. 출입구에도 식물을 심어 사람들을 내부로 유도한다. 방문객에게 '빨려 들어가는 것 같다'는 말을 들었으니 견본주택으로는 성공한 셈이다(웃음).

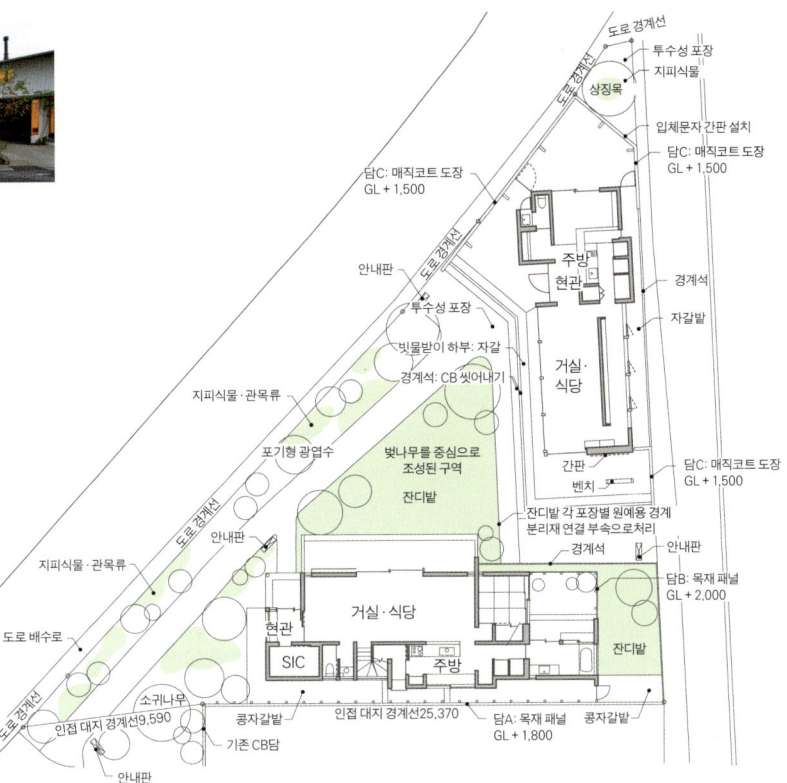

• BEFORE •

↓

• AFTER •

녹음 속을 자동차로 한 바퀴 돌아 나오는 실용적인 캐리지 포트

S = 1:400

Chapter 1 아름다운 풍취를 만드는 녹음 조성법 039

20. 조화로운 외관의 기본

인테리어를 꾸미듯이 외부 공간도 건축물이나 녹음에 맞춰서 조화롭게 구성할 수 있는 감각이 필요하다. 외관의 색상이나 질감이 지나치게 강하면 건축물이나 식물과 대립하게 되므로 너무 많은 소재를 사용하지 않도록 한다.

담장

특히 면적이 넓은 담장은 집의 인상에 큰 영향을 준다. 외벽이 도장 벽이면 담장도 도장 벽으로, 벽돌이면 벽돌로 시공하는 등 소재는 같은 것을 사용하는 것이 좋다. 소재가 같으면 어느 정도 규모가 있어도 압박감을 주지 않는 장점이 있다. 또 삼나무 거푸집을 이용한 철근 콘크리트 벽도 흔히 사용하는 기법이다. 흰색 벽의 모던한 건축물에는 중후함과 소재감을 더할 수 있고, 반대로 목재 주택에는 모던한 인상을 더해줄 수 있다. 예산에 여유가 없는 경우에는 목재 담이나 일본 오키나와에서 흔히 사용하는 꽃무늬 블록 같은 것도 좋을 것 같다. 기성 콘크리트 블록을 사용하는 경우에는 표면을 다듬어 페인트 분무 도장을 해달라고 하거나, 미장 바름 마감을 해달라고 하면 된다.

그리고 담장은 그다지 높지 않게 만든다. 담장이 낮으면 바람도 잘 통하고 거리도 밝아지며 개방되어 있는 편이 오히려 방범에도 효과적이라고 생각한다. 담장 높이는 낮추더라도 두께감을 더해주는 등의 방법으로 집 내부를 들여다보기 어렵게 만들 수도 있다. 그러나 담장 높이는 외부 전경에 영향을 주기 때문에 단지 낮게만 만든다고 좋은 것이 아니므로 건물과의 균형을 고려하여 정하도록 한다.

출입구

출입구에는 우편함이나 문패, 인터폰 등이 있다. 이러한 것들은 가능한 눈에 띄지 않도록 소박하게 설치하는 편이 출입구가 아름답고 품위 있게 완성된다. 특히 대문은 '탕'하며 알루미늄 대문이 닫히는 가벼운 소리가 나면 인공적이고 운치가 없으므로 금속으로 제작하도록 하고 있다. 개인적으로 철제만의 섬세하고 투명감 있는 디자인을 좋아한다.

삼나무 거푸집을 이용한 노출 콘크리트 담장에 동일한 높이와 너비의 문기둥을 금속으로 제작. 대문은 두께 9mm의 얇은 격자가 30mm 간격으로 나란히 배열되어 투명감 있는 출입구가 되었다. 금속의 섬세함을 풍요로운 녹음이 돋보이게 한다.

경사가 급한 계단은 경사를 완만하게 하고, 외벽을 따라 곡선을 그리듯이 콘크리트를 타설하였으며, 이에 맞춰 직선적이었던 기성품 손잡이도 금속 작가에게 주문 제작한 완만한 곡선을 그리는 손잡이로 교체했다. 원래 있던 철제 우편함은 철제 손잡이와 동일한 색으로 다시 칠해 매력을 더해주었다.

• BEFORE • • AFTER •

리폼 후의 외부 전경. 크림색으로 통일된 건물과 외관에 녹음이 더해져 전체적으로 우아하고 부드러운 분위기를 자아낸다.

외관 리폼

외관은 리폼을 해서 건물과 조화를 이루도록 할 수도 있다. 어느 날 집은 지역 건축 시공 업체가 짓고, 외관은 익스테리어* 전문업체가 맡아서 시공한 집에서 수목을 교체해 달라는 의뢰를 받았다. 현장을 보러 갔더니 직선은 리브 시멘트 블록, 곡선 부분은 사고석 등 소재도 제각각인 데다가 외부 화단을 만드는 등 미관보다도 시공하기 용이한 편을 택한 것 같았다. 벽도 오염이 심하여 식재뿐 아니라 전반적인 외관 리폼을 제안했다. 우선 주택 외벽과 동일한 색으로 담장을 새로 도장했다. 이렇게 함으로써 주택과 외관이 아름답게 조화를 이룬다.

타일 바닥이었던 현관 앞은 씻어내기 마감한 콘크리트로. 그리고 현관 앞에 콘크리트 벤치를 놓았다. 건물 자체가 실내에서 정원을 조망할 수 있는 설계가 아니었기 때문에 현관 앞에 앉아서 바라보았으면 하는 바람을 담았다.

집 앞을 지나가는 사람들이 보는 정원이므로 식재는 꽃이 피는 식물을 많이 배치했다. 이것을 계기로 안주인이 정원 가꾸기에 푹 빠져서 원예용품점에 수시로 드나들고 있다. 주위 사람들까지 꽃 심기를 시작하고, 예쁘다는 말도 해주니 정원 가꾸기를 더욱 열심히 하고 있는 것 같다. 패션처럼 주택도 조화가 중요하다. 외관, 조경의 힘이란 생각보다 훨씬 크다고 생각한다.

• BEFORE • • AFTER •

블록 화단은 모두 철거하고 서양식 분위기에 맞춰 갈색 깬돌을 사용한 돌담으로 바꿨다.

● 익스테리어 exterior: 인테리어의 대응어로서 건물의 외부 구조를 포함한 외관.

21. 생울타리를 추천한다

담장을 '여기는 내 땅이다!'라며 소유권을 주장하는 것이 아니라 대지에 '테두리 치기'라고 생각한다면, 블록 담장만 고집할 것이 아니라 생울타리도 좋을 것 같지 않은가?

생울타리는 필터 역할을 하여 실내에 쾌적한 바람을 선사할 것이다. 생울타리라고 하면 떡갈나무나 나한송 등을 사각형으로 깎아 다듬은 것이 많은데, 생장 속도가 빨라서 계속 깎아 주어야 하므로 손질하기 힘들다. 생울타리를 만들 때는 자연스러운 분위기를 연출할 수 있는 철쭉을 추천한다. 꽃의 수를 늘리기 위해 깎아 다듬는 방법도 있으나, 그대로 두면 자연스러운 모습으로 생장해간다. 수형도 흥미롭고 가지 끝에 앙증맞게 꽃이 핀 모습 또한 사랑스럽다.

경계선에 바짝 붙여서 생울타리를 만들면 이웃집 대지를 침범하지 않게 하기 위해 깎아주어야 하므로 어쩔 수 없이 반듯해져 버리고 만다. 그러므로 경계선에 바짝 붙여 심지 말고 자신의 대지에 무작위로 나무들을 심는 것이 좋다고 생각한다.

건축가 마에다 게스케 씨가 설계한 「군봉의 숲」은 밑가지에 잎이 많이 달리는 나무들을 숲처럼 밀집시켜 배치했기 때문에 사람이 들어오기 어렵게 되어 있다. 키가 큰 나무와 낮은 나무를 무작위로 배치했는데, 1600㎜ 정도 높이의 나무를 배치함으로써 외부의 시선도 차단된다. 억지로 들어가려고 하면 침입할 수 있을지는 몰라도 '들어오지 말아요'라는 느낌을 준다. 나뭇잎 사이로 햇살이 들어오기 때문에 분위기도 좋다.

군봉의 숲(오사카)
설계: UID/마에다 게스케
시공: 마코토 건설
대지 면적: 2107.88㎡
건축 면적: 611.51㎡

22. 흙막이는 옹벽보다는 자연석 쌓기로

대지에 단차나 경사면이 있는 경우 대부분 콘크리트 옹벽 시공을 하는 경우가 많으나, 조금이라도 흙이나 식물을 심을 수 있는 공간이 있는 것이 좋으므로 흙막이용으로 자연석 쌓기를 주로 제안한다.

45도 정도의 경사면이라면 자연석을 정교하게 쌓아 올림으로써 경사면을 살려주면서도 흙막이 역할을 할 수 있다. 비용이 많이 들 것 같아 보이지만, 그 지역에 있는 돌을 사용하면 옹벽을 만드는 것보다 저렴하게 만들 수도 있다. 자연석 쌓기는 크고 작은 돌을 섞어가며 비연속적으로 배치하고, 모서리를 가능한 흙으로 덮어 지면에서 돌출된 것처럼 보이게 함으로써 자연스러운 조형이 형성된다.

세키스이 하우스 가토 마코토加藤誠 씨가 설계한 「복원·석축의 집」은 33년 전에 석축으로 조성된 분양지에 건축되어, 원래는 주위에 운치 있는 거리 경관이 조성되어 있었다. 그러나 세월이 흐르면서 주택의 재건축이 진행되자 그런 석축을 허물고, 그 대신 콘크리트 옹벽이 세워지기 시작했다. 이 집의 대지도 이미 석축은 허물어졌고 모퉁이에는 콘크리트 옹벽이 세워져 있었으나, 가토 씨가 옹벽을 철거하고 석축을 복원하자고 했다.

그래서 모르타르로 접합하여 수직으로 쌓는 찰쌓기를 하지 않고, 자연 경사면에 있는 돌 흙막이처럼 돌을 쌓아가는 방법을 제안했다.

자연석 쌓기는 가장자리를 향해 서서히 완만한 경사를 만들며 사이에 흙 공간을 넣어주면서 돌을 겹겹이 쌓아간다. 돌 틈에 지피식물이나 꽃을 배치하면 자연스러운 느낌이 배가된다.
※평면도는 67쪽에 게재

이 집 나무가 많아 멋있네요

어느 날 조경 작업을 하고 있는데 그 길을 지나 통학을 하는 초등학생이 "아저씨, 이 집 멋있네요"라고 했다. "뭐가 멋있어?"라고 묻자, "나무가 많잖아요"라는 것이다. 그러고는 "이 집 몇억이에요?"란다.

무심코 나눈 대화였지만 그 말은 내게 큰 용기를 주었다. 나무가 많은 것을 아이들도 순수하게 '멋있다'고 표현해 주었다는 것, 그리고 그것을 풍요로운 것으로 받아들여 주었다는 것이 무척 기뻤다.

사람은 본능적으로 자연을 원한다고 생각한다. 수목이 우거진 곳은 물이 있고 먹을 것이 있다. 그리고 사람이 모이고 풍요로운 생활이 시작된다. 그래서 사람은 녹음에 대해 본능이 작용하는 것이다. 모두 공원을 즐겨 찾고 나무 아래로 모이지 않는가? 아파트에 살아도 굳이 화분에 심긴 식물을 사다 놓지 않는가?

잡목 사이를 관통하듯 물이 흐르는 일본 도호쿠 지방의 오이라세 계류奥入瀬渓流를 떠올려보기를 바란다. 나뭇잎 사이로 부드러운 햇살이 쏟아지는 계곡 풍경. 이것을 싫다고 하는 사람은 아마도 없을 것이다. 잡목림이 있는 마을 동산의 전원 풍경. 나무가 울창하게 우거진 마을의 수호신을 지키는 숲 등도 마찬가지로 사람의 심신을 치유해준다. 자연의 풍경을 초월하는 인공적인 것은 없다. 그런 생각이 마음속 깊이 자리 잡고 있다.

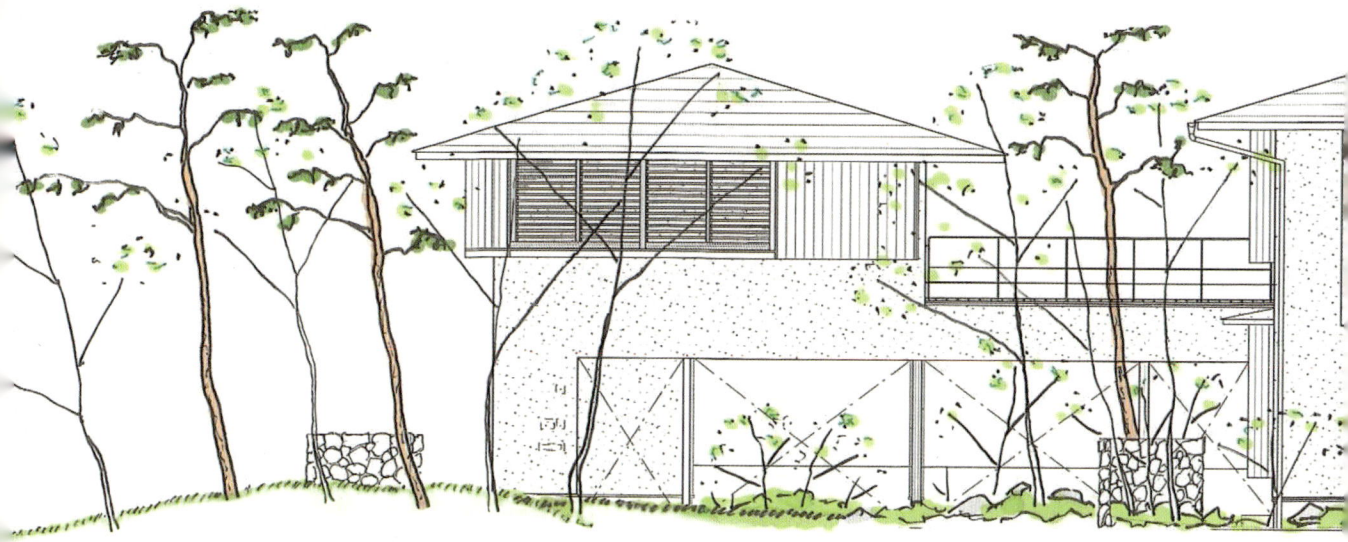

23-42
RECIPES
OF
TOSHIYA OGINO

2

녹음을 즐기는 주거 플랜

정원의 풍경을 집 앞을 지나가는 이들에게 나눠주면서 자신도 정원에 나가서 즐기는 것이 정원을 온전히 활용하는 방법이다. 그렇기 때문에 일 년 내내 즐길 수 있도록 많은 나무와 꽃을 심기도 하고, 식사도 가능한 실용적인 아웃도어 리빙˙을 생각하기도 하는 등의 다양한 방법을 모색한다. 이번 장에서는 정원으로 나가고 싶어지는 주거 공간 만들기에 대해 생각해보도록 하자.

- 아웃도어 리빙 outdoor living: 생활의 장으로서 거실과 같이 쓰이는 외부 공간. 발코니, 테라스 등이 이 목적으로 쓰이고 있다.

23.   중요한 것은 탁 트인 시야

누구나가 그리워하는 그 지역의 옛 풍경보다 더 좋은 정원은 없다. 이레이 씨의 설계에 의해 한 폭의 그림처럼 아름답게 담긴 논과 논두렁길과 산 풍경을 해치면 안 될 것 같아서 이곳에는 일부러 나무를 심지 않았다. 건축가 요시무라 준조는 대지를 보면 우선 앉을 위치를 정했다고 한다. 거기에서부터 설계를 시작하여 창문 위치를 정하고, 그 창문 가까이에 나무를 심고, 나무줄기 너머로 펼쳐지는 풍경을 바라보는…… 그런 것들을 중요하게 여겼다고 한다.

조경 계획도 그와 똑같다고 생각하면 될 것 같다. 현장에 가면 우선 하늘을 올려다본다. 그 다음 주위를 빙 둘러보고 경치나 수목을 찾는다. 그와 동시에 이웃집 창문이나 벽 상태를 확인한다. 물론 일조 조건이나 풍향도 정원 조성에는 중요한 사항이다.

만일 저 멀리 산 능선이 보인다면 그것은 큰 행운이다. 방 안 창문에서 산 능선을 바라볼 수 있다니 그 얼마나 멋진 일인가. 그 경치를 향해 창을 내는 것만으로도 훌륭한 픽처 윈도를 소유할 수 있게 된다. 조경에서는 나무와 나무 사이로 산 정상이 보일 수 있도록 연구하고, 아름다운 산줄기가 가려지지 않도록 나무를 심지 않는 방법도 검토한다. 또는 낙엽수를 심어서 겨울이 되어 잎이 떨어지면 산 능선이 보이는 것도 운치 있다.

누구나가 그리워하는 그 지역의 옛 풍경보다 더 좋은 정원은 없다. 이레이 씨의 설계에 의해 한 폭의 그림처럼 아름답게 담긴 논과 논두렁길과 산 풍경을 해치면 안 될 것 같아서 이곳에는 일부러 나무를 심지 않았다.

산 능선이 없어도 집 근처 공원이나 산책로, 가로수, 이웃집 정원수 등 주변에 녹음이 있으면 '감사히 받겠습니다!'라고 생각하고 차경*의 개념으로 주거 공간에 녹음을 끌어들인다. 대지 조사를 할 때는 근처를 걸으며 그 지역의 식생이나 토양 등도 관찰해보면 좋다. 원경(산 능선), 중경(근처 녹음), 근경(정원) 이것이 건물과 잘 어우러져 연결되었을 때 수목들이 본래의 힘을 발휘한다. 건물의 매력은 배가되고 거기에 사는 사람의 생활을 풍요롭게 해줄 것이다.

- *차경借景: 경치를 빌려온다는 뜻으로, 외부의 경치를 경관 구성의 일부로 이용하는 조경 기법.

실 잣는 집(나가노현)
설계: 이레이 사토시 설계실
시공: 곳코
대지 면적: 217.12㎡
건축 면적: 93.35㎡

나무를 심지 않는 것도 조경 작업

24.

'여기에 정원을 만들자'부터 시작되는 집짓기

건폐율, 용적률 상한에 맞춰 최대한 크게 건물을 지은 다음 담장, 대문, 간이 차고 등을 설치하고 틈새에 상징목을 심어 완성하는 흐름이 마치 정석이기라도 한 듯 이러한 단조롭고 멋없는 주택이 거리를 형성하고 있다. 화분이나 식물 장식도 좋으나 공간으로서의 녹화, 생활하는 장소로서의 정원을 우선시했으면 한다. 남는 공간에 정원을 만드는 것이 아니라, '여기에 정원을 만들자'부터 시작해서 주거 공간을 만들 수는 없는 것일까.

풍요로운 전원 풍경이 펼쳐지는 대지에서는 그 경관을 온전히 활용할 수 있도록 정원과 창문을 한 세트로 가장 좋은 위치에 배치하는 방법이 좋고, 도심에 있는 대지라면 주변 소음이나 시선에서 벗어날 수 있도록 밝고 고요한 중정을 만드는 것이 좋다고 생각한다. 멋진 기존의 나무가 있는 경우에는 그 나무를 에워싸는 듯한 정원과 건물을 생각해보는 것도 그 나무와 토지에 대한 예의라고 할 수 있을 것이다. 이처럼 주어진 대지 환경이나 조건에 대해 정원으로 해답을 찾아갈 수도 있다. 즐겁고 매력적인 정원을 만들기 위해서는 주택 계획과 동시에 조경 계획도 진행했으면 한다. 대지 조사를 하는 단계부터 조경사를 부르는 것이 이상적이다.

25.

식물과 주거 공간의 이상적인 관계

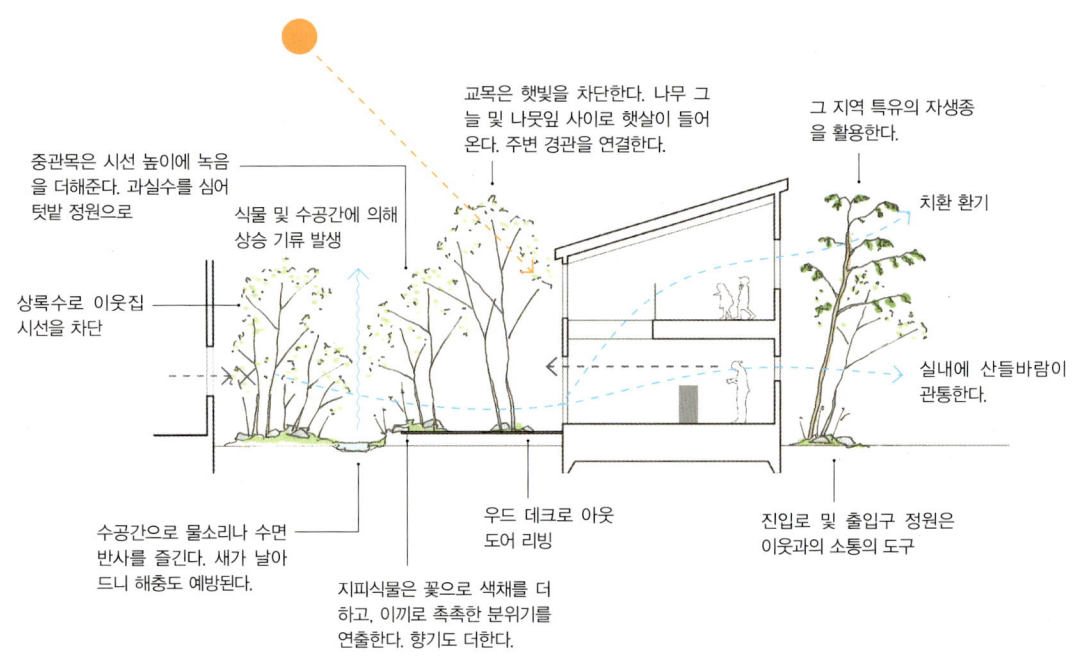

정원 프레젠테이션을 할 때 사용하는 도면을 소개해 보도록 하자. 수목을 식재함으로써 얻을 수 있는 장점을 정리해 놓았다. 특히 여름에는 수목이 있으면 나무 그늘이 생겨서 직사광선을 차단할 수 있다. 건물이 태양 빛에 노출되지 않음으로써 외벽 온도의 상승을 억제하고, 실내 온도의 상승을 억제하는 역할도 한다. 또한 정원에 살수를 하면 증산 작용이 활발해져 바람의 흐름이 생기고, 밤에는 수목 사이로 빠져나온 시원한 바람이 방 안으로 들어온다. 창가의 수목은 녹음 필터라고 생각해주길 바란다. 필터를 통과한 기분 좋은 바람이 상상이 되는가?

주택 설계에 패시브 디자인*이라는 기법이 있는데, 그 지역의 빛, 바람, 물의 힘을 활용한 정원도 그에 중요한 역할을 한다고 생각한다.

- 패시브 디자인 passive design: 건축 설계시 설비기기나 동력을 사용하지 않고 자연에너지를 건축적으로 도입하는 디자인. 에너지 절감을 유도하는 친환경 건축 기법.

26.

이웃집 창문과 상록수

주택 밀집 지역에서는 이웃집 창문에서의 시선도 상당히 신경 쓰일 것이다. 가능한 건물 구조나 창문의 배치 방법을 연구하여 시선을 차단하면 좋으나, 그렇게 할 수 없는 경우에는 차폐용 나무를 심는 방법도 있다. 옆집도 창문 밖으로 녹음을 조망할 수 있으면 기분 좋게 생활할 수 있을 것이다. 이웃에 녹음을 나눠주는 셈이다. 그리고 옆집 욕실이나 화장실 근처 등 항시 가리고 싶은 장소에는 상록수를 심도록 한다. 상록수 중에서도 부드러운 수형이 많은 동백나무나 초령목 등을 유용하게 활용하고 있다. 다만 상록수의 잎도 새로 나는 시기가 있기 때문에 6월경에 잎이 떨어지기 시작한다. 잎이 무거워서 물받이 같은 것에 막혀버리면 번거로워지므로 많은 양을 사용하는 것은 고려해 보아야 한다.

교목 상록수로 이웃집 2층 창문에서의 시선을 차단한다. 관목도 상록수이며, 대지 경계에 녹음이 있으면 안도감이 생긴다.
① 중국먼나무
② 일본담팔수
③ 일본가막살나무
④ 눈철쭉
⑤ 스키미아 야포니카
⑥ 서양석남

27.

배관 계획은 조경 계획과 함께

대지에는 배수관 등의 배관이 깔려 있다. 요즘은 밀폐성이 좋아졌으나, 식물 뿌리가 관과 관의 연결부로 들어갈 우려가 있으므로 배관을 최대한 피해서 수목을 심어야 한다. 따라서 먼저 배관 계획을 확인하면 걱정을 덜 수 있다. 조경사가 '여기는 나무숲을 만들 장소이니 배관을 다른 위치에 깔아 달라'고 제안하는 경우도 있고, 반대로 '여기에는 중요한 배관이 깔려 있으니 수목을 식재하지 말라'는 등 설계자 쪽에서 적극적으로 정보를 알려주면 걱정을 덜 수 있다. 그리고 배관이 깔린 곳을 피하기 위해 진입로 밑을 자주 이용하는 편이다.

식재 공간 가장자리에 설비 배관이 놓이도록 하여 뿌리분과 겹치지 않게 했다. 배관 상부에 점검구가 설치된 경우에는 자갈을 깔아 보이지 않게 한다.

28. 녹음을 즐길 수 있는 장소를 곳곳에 배치한다

높게 치솟은 교목낙엽수를 배치하여 줄기가 보이도록 했다. 하부에는 크리스마스로즈를 배치하여 화려한 겨울의 정취를 자아내고 있다.

모든 실내 공간이 정원과 연결된 구조로 이루어져 있다. 정원을 좋아하는 설계사는 이런 설계를 하는 경우가 많다. 일상생활 속에서 어디에 있어도 정원이 보여 자연을 느낄 수 있는, 그런 주거 공간이다.

하지만 이러한 설계를 아름답게 완성하는 것은 결코 쉬운 일이 아니다. 정원과 연결되려면 그 경계에 있는 개구부*를 어떻게 할 것인지가 매우 중요하다. 그와 함께 정원 배치나 규모도 검토해야 한다. 가장 주의해야 할 것은 전면 창호를 사용해 기껏 커다란 개구부를 만들었는데, 생활하다 보면 이웃집 2층에서 훤히 들여다보여서 결국 커튼을 달아놓고 생활하는 경우다. 창밖 경치를 즐기기는커녕 채광도 되지 않는다.

또한 상록수를 심어서 어떻게든 시선을 차단하고자 하는 설계사도 있는데, 인공적인 식재가 되어 그다지 아름다운 경관이라고 할 수 없다. 그렇다면 차라리 전면 창을 포기하고 하부 창을 내서, 앉았을 때 지면의

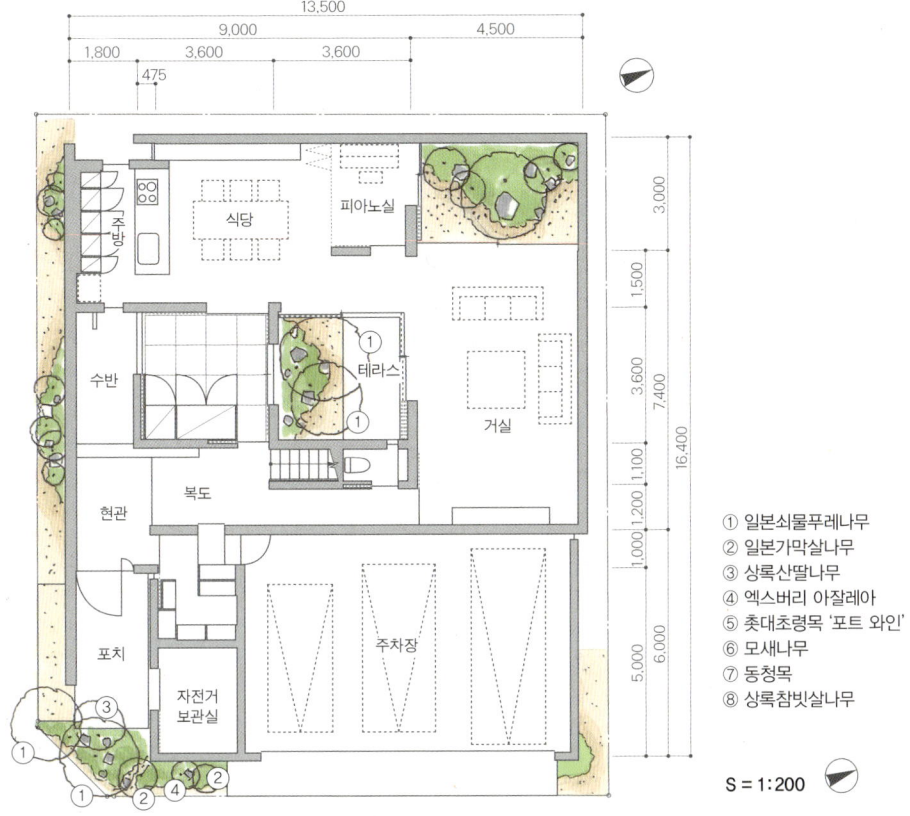

① 일본쇠물푸레나무
② 일본가막살나무
③ 상록산딸나무
④ 엑스버리 아잘레아
⑤ 촛대초령목 '포트 와인'
⑥ 모새나무
⑦ 동청목
⑧ 상록참빗살나무

S = 1:200

기타바타케北畠의 집(오사카)

설계: 다가시라 겐지 건축연구소
시공: 가토 구미
대지 면적: 268.97㎡
건축 면적: 181.41㎡

철근 콘크리트조의 품격 있는 분위기에 꽃을 식재하여 곁들인다.

녹음을 조망할 수 있는 것이 더 좋다고 생각한다.
사생활 보호를 위한 시선 차단 기능은 건물 설계 단계에서 해결하는 것이 이상적이다. 그러고 나서 주변의 좋은 경관이나 정원의 풍요로운 녹음을 중심으로 창문을 내면 정원을 마음 놓고 즐길 수 있는 거주 공간이 된다.

다가시라 겐지 씨가 설계한 「기타바타케의 집」은 주택가 안에 있어서 빌트인 차고로 도로와 거리감을 유지할 수 있게 되어 있다. 생활 공간에는 두 개의 조용한 중정이 조성되어 있고, 실내 공간 어디에서나 자연을 느낄 수 있도록 창문 형태와 배치까지 꼼꼼히 설계되어 있다. 실내에서 이동하다 보면 녹음이 곳곳에 펼쳐지는, 그야말로 녹음을 즐길 수 있는 주거 공간이다.

- 개구부: 채광, 환기, 통풍, 출입 등을 위해 낸 창이나 출입구 부분.

29.   2층 창에는 위를 향해 피는 꽃나무를

원래 일본 건축에는 단층집이 많았고, 2층집이 정착하게 된 것은 불과 수십 년 전부터다. 따라서 일본 정원은 좌식 눈높이로 즐기는 것이라고 여겼고, 나무는 깎아 다듬을 수 있는 높이로 제한되어 있었다. 마찬가지로 서양식 정원에도 정원수를 높게 키운다는 개념은 없었다.

그러나 현재 일본의 주택은 2층집이 주류이며, 최근에는 2층에 거실이 있는 경우도 적지 않기 때문에 2층 창문에서 녹음이 보이는 것이 중요하므로 정원에 심는 나무는 어느 정도 높아야 한다. 위에서 정원을 내려다보는 것이 아니라 2층 창문 시선에 녹음이 닿게 한다고 생각하면 저절로 나무의 높이도 정해진다. 나무는 내려다보는 것보다 바로 옆에 보이는 것이 더 좋다.

세키스이 하우스의 가토 마코토 씨가 설계한 「편백나무 집」은 2층 고정창 옆에 산딸나무를 넉넉히 심었다. 산딸나무는 위를 향해 꽃이 피므로 2층에서도 꽃의 자태를 가까이 볼 수 있다.

편백나무 집(아이치현)

설계: 세키스이 하우스 /
　　　Architect Design실·가토 마코토
시공: 세키스이 하우스
대지 면적: 964.07㎡
건축 면적: 164.70㎡

「편백나무 집」은 주택 밀집 지역에 있기 때문에 이 방향만 유일하게 길 쪽으로 트여있다. 2층 마루와 길 중간에 녹음 층이 형성되어 기분 좋은 공간이 만들어졌다.

30. 계획하기도 관리하기도 쉬운 북쪽 정원

대지의 남쪽에 넓은 정원이 있는 것이 좋은 집의 조건이 되었는데, 이것은 일조 조건 때문이지 정원 그 자체에는 반드시 남쪽이 이상적인 것은 아니다.

내가 주로 사용하는 줄기가 가늘고 밑가지가 없는 나무는 햇빛을 받기 위해 다른 나무들과 경합한 결과 키가 자란 것들이다. 그런 나무는 건물로 인해 그늘 또는 반그늘이 지기 쉬운 북쪽 정원에 적합하다. 만일 이처럼 줄기가 가는 나무(단풍나무 등)를 남쪽에 심을 경우에는 햇볕에 강한 졸참나무나 서어나무류, 캐나다 채진목 등으로 우선 그늘을 만들고 그 옆에 더해주듯이 배치해간다. 다만 나무 그늘을 만들기 위한 나무는 비교적 생장 속도가 빨라서 잎이 무성해지기 쉽기 때문에 손질을 소홀히 하면 수년 만에 어두컴컴한 숲 같은 정원이 되어버리므로 주의해야 한다. 과도하게 자란 후에는 생장을 조절하기가 어렵다.

한편, 북쪽 정원의 경우는 잎의 양을 억제하면서 선이 가는 매력적인 나무를 배치할 수 있다. 생장 속도가 느린 산딸나무 같은 경우는 5m 높이의 나무를 집 북쪽 정원에 심었는데 20년 동안 1m도 자라지 않았다. 북쪽 정원이 아니더라도 코트 하우스• 형태로 건축하여 건물로 그림자를 만드는 방법도 있다. 남쪽 정원에서도 이웃집 건물의 그림자를 찾아 그곳에 나무를 배치하는 경우도 있다. 북쪽 정원은 물을 자주 주지 않아도 되는 장점도 있다. 남쪽 정원의 경우 여름철은 매일 관수를 해야 하지만 북쪽 정원은 그늘이 지는 범위에 따라 다르기는 하나, 남쪽 정원의 3분의 1 정도의 양으로 충분한 경우도 있다. 3~5년이 지나면 자연 빗물로 대부분 유지할 수 있게 되어 거의 관수할 필요가 없게 된다. 단, 원예품종인 꽃에는 물을 주도록 한다.

조경에서 가장 어려운 것은 일조 조건에 맞는 품종을 배치하는 것이다. 신중히 고려하지 않으면 수목이 말라죽고 만다. 만일 남쪽 정원에 햇볕에 약한 수종을 배치할 경우에는 양지쪽에 햇볕에 강한 수종을 배치해주도록 한다. 이렇게 햇볕은 누그러트리면서도 빛이 안정적으로 들어오는 북쪽 정원은 조경을 계획하기도 관리하기도 쉽다.

• 코트하우스 court house: 뜰이 건물의 가운데에 있는 집.

좋은 정원은 북쪽에 있다

H house (오사카)

설계: 후지하라 아키텍츠/후지하라 세이지
시공: 덴마 공무점
대지 면적: 258.24㎡
건축 면적: 150.65㎡

북쪽 정원의 수목은 남쪽 태양을 향해 생장하므로 실내에서 보면 보는 이를 향하여 얼굴을 돌리고 있는 듯해 한층 자연스러운 표정을 즐길 수 있다. 사진은 후지하라 아키텍츠에서 설계한 「H house」의 북쪽 정원. 제한된 일조 조건 속에서 섬세함을 유지하며 생장하는 수목. 실내에서는 창문이 북쪽을 향해 있으므로 햇빛에 방해받지 않고 정원을 조망할 수 있다.

31. 건물은 아담하게, 녹음은 풍요롭게

요즘 들어 건물은 작고 아담해도 좋다는 생각이 든다. 대지 전체에 집을 짓는 것이 아니라, 조금 크기를 줄여서 작게 짓고 그만큼 녹음을 배치한다. 일본식 다실茶室에서 엿볼 수 있는 가치관과 비슷한 것 같다. 다실은 차를 끓여서 손님을 대접하기 위한 장소지만 건물은 매우 소박하다. 그러나 반드시 노지(다실의 정원)를 조성하고, 식재하는 수목도 최대한 자연스러운 산의 정취를 해치지 않는 것이 사용된다. 그런 일본의 미의식을 주택에 표현해나가고 싶다.

'우리 집은 정원을 만들 만큼 넓지 않아서'라는 말을 자주 듣는데, 21쪽에서 말한 바와 같이 0.5평의 공간만 있으면 정원을 만들 수 있다. 한정된 대지에 넓은 정원을 만들지 않아도 집을 조금 작게 짓거나 토지 형태에서 건물을 살짝 돌려서 배치하는 등 공간을 만들어 그곳에 식재하는 것만으로도 주택에 충분히 매력이 더해진다.

건축가 다카노 야스미쓰高野保光 씨가 설계한 「우쓰노미야의 집」은 대지에 비해 집을 조금 작게 지어 내부와 외부에 정원을 조성하도록 설계되었다. 건물의 정면을 비스듬히 살짝 틀어서 자연스럽게 공간을 만들어 진입로에 녹음을 더해준 점도 "역시 대단해!"라는 말이 절로 나온다.

이 주택은 대지가 도로보다 60~70㎝ 높은 위치에 있어서 이전에는 도로나 주차장에서 올려다보도록 건물이 지어져 있었다. 다카노 씨는 그것을 도로에서 진입로와 정원이 자연스러운 라인으로 연결되도록 옹벽의 일부를 철거하고, 현관 안에도 단차를 주어 대지 내에 큰 단차가 생기지 않도록 하면서도 도로와의 높낮이 차이를 해결했다.

우쓰노미야宇都宮의 집(도치기현)

설계: 유쿠칸 설계실
시공: 와타나베 건공
대지 면적: 190.90㎡
건축 면적: 73.67㎡

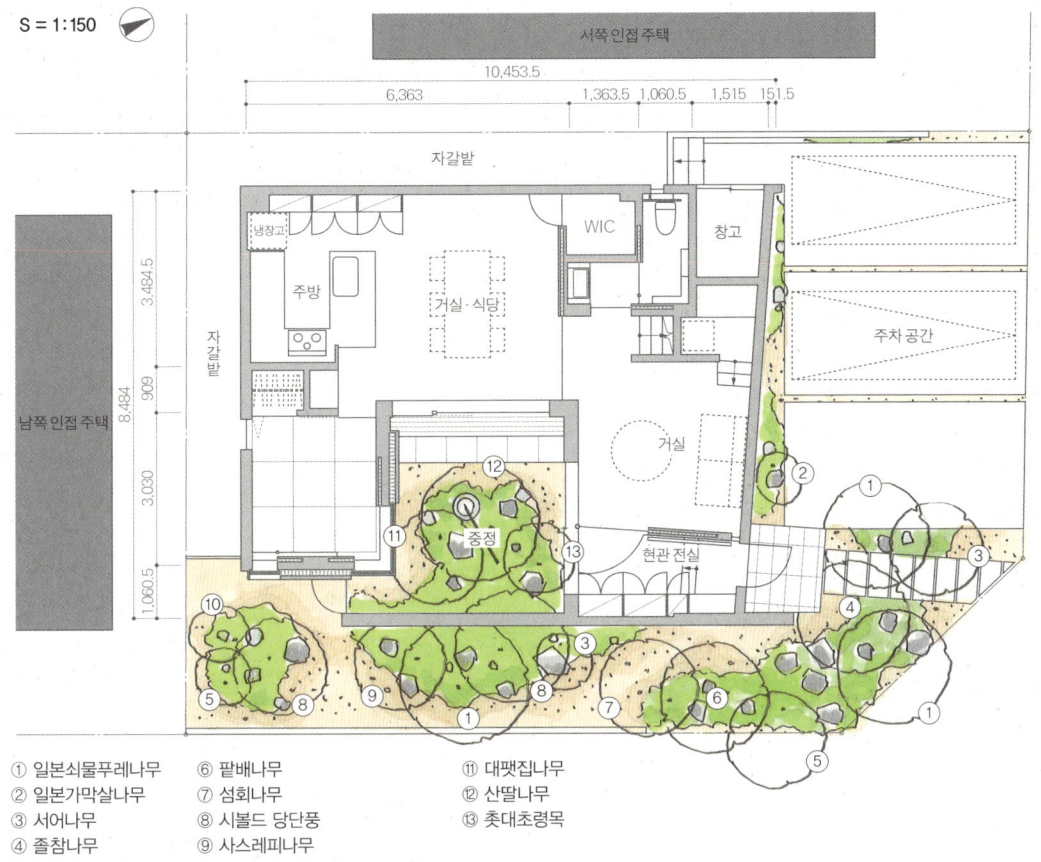

① 일본쇠물푸레나무
② 일본가막살나무
③ 서어나무
④ 졸참나무
⑤ 동청목
⑥ 팥배나무
⑦ 섬회나무
⑧ 시볼드 당단풍
⑨ 사스레피나무
⑩ 트로코덴드론 아랄리오이데스
⑪ 대팻집나무
⑫ 산딸나무
⑬ 촛대초령목

현관부터 연결되는 창문은 거실 소파에 앉았을 때의 눈높이에도 맞춰져 있어 자연스럽게 중정으로 시선이 향한다.

현관에서 중정이 보인다. 오른쪽으로 줄기가 향하도록 하여 동선을 유도하고 있다.

하부 창으로 낮은 시선이 닿는 곳에도 녹음을

일본식 방은 하부 창을 내어 개구부를 극단적으로 좁혀서 왼쪽은 중정 하부의 녹음을 보여주고, 오른쪽은 외부 정원의 푸른 잎 사이로 바깥 상황을 살필 수 있다.

대팻집나무, 산딸나무, 촛대초령목 등의 잡목 아래에 홍지네고사리, 서리이끼를 심고 물확을 놓아서 촉촉한 분위기를 더해준다.

대지의 남쪽에는 이웃집 건물이 있지만, 북쪽과 동쪽에는 느티나무 산책로와 녹지가 있으므로 다카노 씨는 동쪽으로 정원을 배치하고 1층은 사생활을 중시한 중정으로, 2층은 테라스를 만들어 주변의 녹음과 정원의 녹음을 중첩시킴으로써 자연과 하나가 된 듯한 공간으로 만들었다(58쪽 사진 게재). 중정에는 오른쪽(남쪽)에서 빛이 들어오므로 나무의 아름다움이 돋보일 수 있도록 배경이 되는 벽을 미장 마감하는 등 철저히 정원이 돋보이도록 설계된, 정원을 즐기기 위한 주거 공간이라고 해도 좋을 것이다.

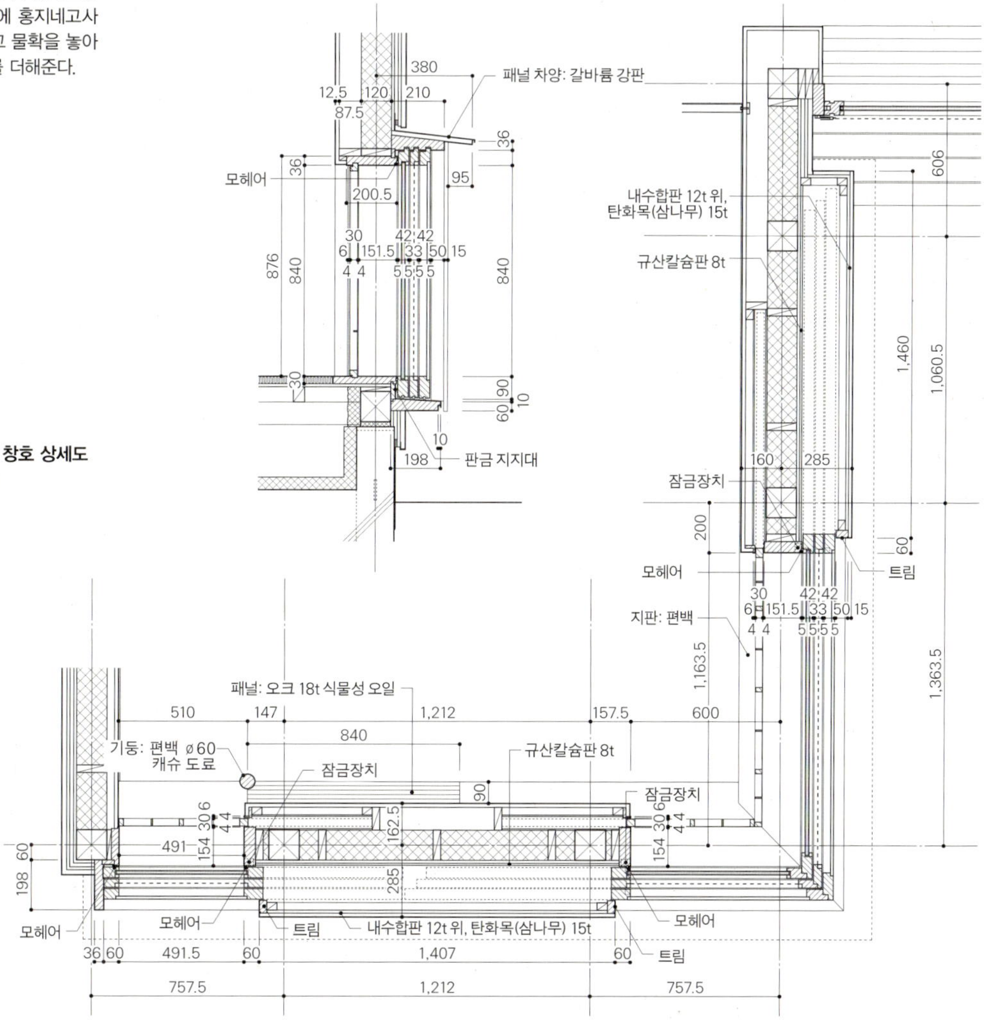

일본식 방 창호 상세도
S = 1:30

도면 제공: 유쿠칸 설계실

32. 녹음을 조망하기 위한 장소

「우쓰노미야의 집」의 2층 테라스는 경치에 맞춰서 벽이 트여 있어 근처 숲의 녹음까지 정원의 경치로 끌어들였다.

나무를 건물 가까이 심어, 줄기의 형태와 나뭇잎 사이로 비치는 햇살을 실내에서도 느낄 수 있게 식재 구역을 배치했다.

33. 매일 이용하는 주방이니까 아름다운 경치를

가장 중요하게 생각하는 것이 주방에서 보이는 전망이다. 요즘은 개방형 주방이 많아서 그 곳에 섰을 때의 시선 끝에 수목을 심는다. 매일 서는 공간이므로 꽃이 피는 나무를 많이 배치하여 변화를 즐겼으면 하는 바람도 있고, 녹음을 느끼면서 기분 좋게 요리를 해준다면 분명히 맛있는 요리가 완성될 것이라 생각한다(웃음). 다카노 야스미쓰 씨가 설계한 「세이조의 집」(외부 모습은 28쪽 게재)은 모든 실내 공간이 정원과 연결되도록 집 주위에 고루 정원이 배치된 설계다. 그래서 주방에 서면 어느 방향으로든 정원이 보인다. 이 사진의 반대쪽(북쪽)에 있는 작업 공간에도 일하는 위치와 수평선상에 창이 설치되어 있어 북쪽 정원을 바라보며 집안일을 할 수 있는 구조로, 사방에 정원이 있는 주방이다.

34. 거실 의자는 정원을 향해

조경사에게 최대의 경쟁 상대는 텔레비전이라고 할 수 있을지도 모른다. 거실 소파가 텔레비전을 향해 놓여 있어 정원을 등지고 앉는 집이 얼마나 많은가. 그와 반대로 소파에 앉아 창밖의 경치나 정원을 바라보게 되어 있는 설계를 보면 기분이 좋다. 소파의 방향은 좋은 설계를 구분하는 포인트라고 할 수 있을 것이다.

요코우치 도시히토 씨가 설계한 「내부 정원·외부 정원의 집」은 거실에 앉았을 때 교목(일본쇠물푸레나무, 시볼드 당단풍, 산딸나무)의 줄기 꼭대기까지 바라볼 수 있는 것이 좋다며 중층의 창을 전면 개방하여 1인용 소파를 배치했다고 한다.

35. 아침에 기분 좋게 잠에서 깨는 침실

숲 속에서 아침을 맞이하듯이 부드러운 햇살을 받으며 작은 새들이 지저귀는 소리를 들으면서 침대에서 눈을 뜰 수 있다면……. 그런 생각을 해본 적은 없는가. 아침 햇살은 체내 시계를 작동시켜 기분 좋게 잠에서 깰 수 있게 하는 효과가 있다. 그래서 침실에는 아침 햇살이 들어오는 창문이 있으면 좋다. 그리고 그 창문 옆에는 식물을 심어준다. 직사광선을 차단하여 나뭇잎 사이로 비치는 햇살이 아름다운 아침을 연출해줄 것이다.

마에다 게스케 씨가 설계한 「군봉의 숲」의 침실은 마치 숲 속에 있는 듯한 기분 좋은 공간이다. 두 면이 전면 창으로 되어 있고 나무에 둘러싸여 있으며 밖에서는 시냇물이 졸졸 흐르는 소리가 들린다. 폐쇄형이 되기 쉬운 침실을 과감하게 개방형으로 만든 구조에 창가를 식재로 에워쌈으로써 부드러운 초록빛 베일에 둘러싸인 듯한 안도감이 느껴지는 분위기가 연출된 것 같다.

외부의 지반선과 방의 바닥 높이를 맞추고, 경계 부분에 자갈을 깔아 외부와 실내를 일체화시켜서 자연 속에서 잠을 깨는 감각을 철저히 추구한 마에다 씨의 자세에 감탄과 경의를 표한다.

히코네 아키라 씨가 설계한 「HOUSE M」 욕실의 작은 정원. 그늘진 환경에 맞춰 새덕이, 홍지네고사리, 수호초, 상록동굴레, 맥문동 '기간테아' 등의 상록성 식물을 배치하여 일 년 내내 풍요로운 녹음을 즐길 수 있는 작은 정원이 조성되었다.

36. 작은 정원에서 즐기는 풍요로운 목욕 시간

욕조에 몸을 담그고, 그 시선 끝에 녹음이 있으면 기분이 좋아진다. 욕실 정원을 만들 때는 욕조 등받이 쪽에서 바라보는 시선에 유의하여 식물을 배치한다.
욕실 창부터 담장(차폐용 벽)까지의 거리는 1m 정도만 있으면 충분할 것이다. 창문이 하이새시인 경우는 키가 높은 나무를 배치하지만, 욕조에 맞춰 낮은 위치에 창이 있는 경우는 중관목과 지피식물을 중심으로 조성한다. 노천탕이라기보다는 냇물에 몸을 담그고 있는 듯한 분위기를 연출하고자 했다.

되도록 창문을 열어 실외로 개방된 상태에서 녹음을 전망하는 것이 이상적이다. 외부의 녹음과 바람을 느끼며 자택에서 느긋한 목욕 시간을 즐길 수 있다면 온천에 가지 않아도 될지 모른다(웃음). 목욕은 밤에 하니까 밖이 보이지 않으니 욕실 정원은 필요 없다는 말은 하지 않기를 바란다. 전망이 좋은 욕실을 만들면 신기하게도 일요일 아침에 욕조에 몸을 담그고 싶어질 것이다.

37. 바람길을 만든다

채광이나 관수는 신경 쓰는 경우가 많으나, 식물이 건강하게 자라기 위해서는 통풍도 필요하다. 이레이 사토시 씨가 설계한 「미나미요노의 집」은 담장에 통풍구를 냈다. 담장 너머에 동네 산이 있어 상쾌한 바람이 불어온다. 식물 하부에도 바람이 통해 정원도 건강하게 유지할 수 있다.

외관 설계를 할 때는 바람길을 확인하여 그 길을 막지 말고 바람을 받아들이는 장소로 생각하자. 또 통과한 바람을 생울타리나 담장으로 가두어 대지 내로 유입시킬 수도 있다.

빌트인 차고 안쪽의 격자문 너머로 정원이 있어서 바람이 관통하게 되어 있다.

38. 장지문에 비치는 수목

서향 방은 서향 햇빛이 강해서 거의 창문을 열지 않는 경우가 많은 것 같은데, 창에 장지를 달아보는 것은 어떨까? 외부에 수목을 심으면 서향 햇빛에 의해 그림자가 장지에 비쳐서 나름의 멋이 있다. 서향이 아니더라도 햇빛이 비치면 정도의 차이는 있으나 그림자는 생기므로 꼭 한 번 수목을 장지에 비춰보기를 바란다.

다니구치 공무점 사옥의 거실 창문(81쪽 게재). 장지문 너머로 나무 그늘이 흔들린다. 장지문 고유의 투명감이 나무 그림자를 돋보이게 한다.

39. 여러 개의 정원으로 생활공간을 감싼다

「복원·석축의 집」2층 거실(위)과 1층 침실(아래). 좌우에는 벽을 만들지 않고 고정창을 설치하여 정원과 정원 사이에 있는 공간을 연출했다.

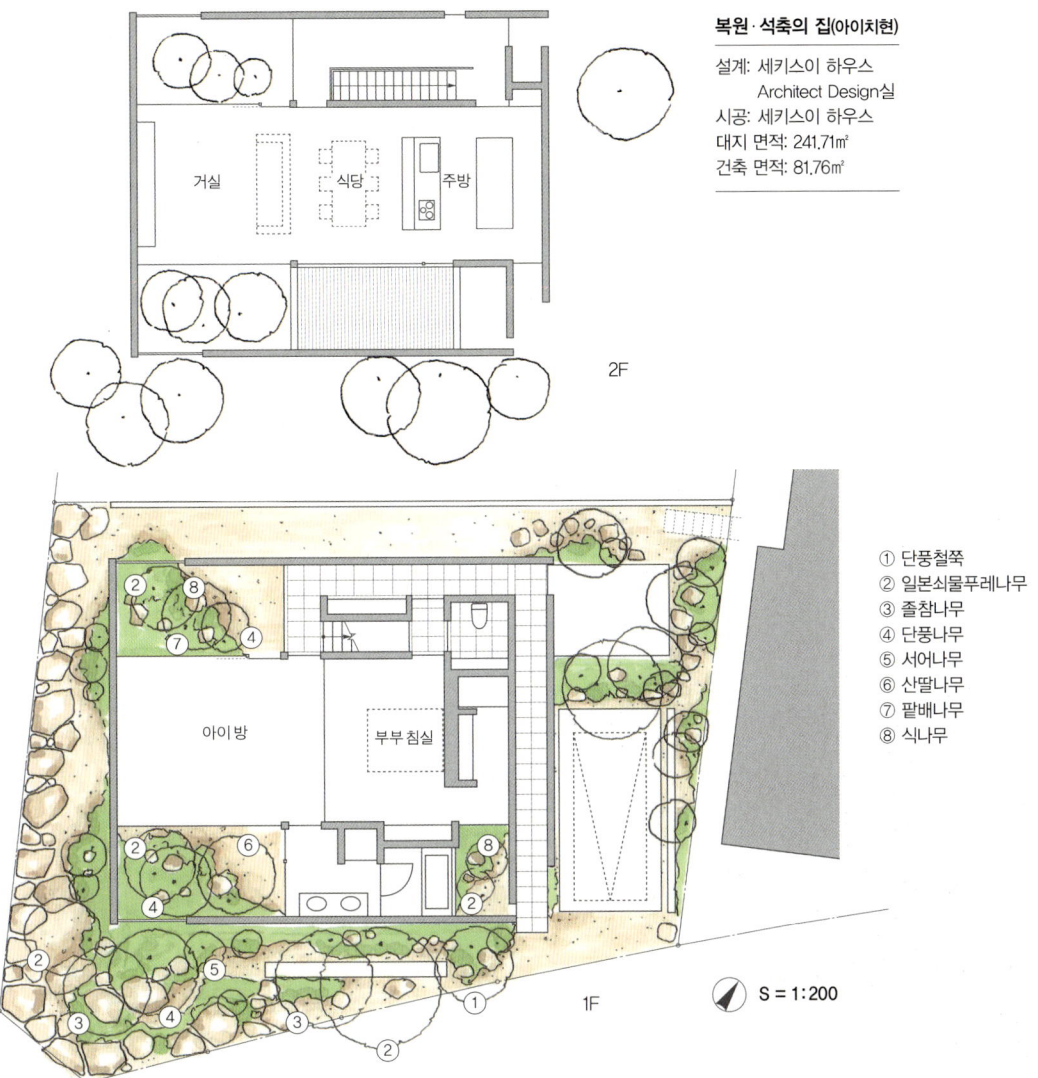

복원·석축의 집(아이치현)
설계: 세키스이 하우스
　　　Architect Design실
시공: 세키스이 하우스
대지 면적: 241.71㎡
건축 면적: 81.76㎡

① 단풍철쭉
② 일본쇠물푸레나무
③ 졸참나무
④ 단풍나무
⑤ 서어나무
⑥ 산딸나무
⑦ 팥배나무
⑧ 식나무

세키스이 하우스의 가토 마코토 씨가 설계한 「복원·석축의 집」은 정원을 생활의 일부라고 생각하고 정원과 건물을 일체화한 설계다. 생활 공간을 세 개의 정원으로 에워싸 모든 실내 공간에서 정원을 조망할 수 있다. 2층 거실이 압권이다. 중정에 면해 있는 좌우 양면을 유리벽으로 만들어서 마치 나무숲 속에 들어가 있는 듯한 느낌이 든다.

1층 거실도 마찬가지로 유리벽으로 되어 있어 1층에서는 지피식물과 나무의 줄기를, 2층에서는 나무의 가지와 잎을 즐길 수 있다. 외벽 일부에 루버를 설치하여 사생활을 보호하면서도 바람이 유입되어 식물 하부에 습기가 차는 것을 방지하므로 식물과 사람 모두 쾌적하다. 햇빛도 어느 정도 들어온다. 철저하게 정원을 즐기기 위한 집인 것이다.

여기에 줄기 중간에 가지가 없어 외줄기가 깔끔하게 뻗은 단풍나무를 심었다. 이런 나무를 남쪽에 심으면 줄기가 피소* 피해를 입거나, 줄기를 보호하기 위해 동출지*가 나와서 수형이 흐트러지지만, 이 주택에는 직사광선이 비치지 않으므로 흡사 숲과 같은 환경이 조성되어 잘 자라고 있는 것 같다. 단풍나무 이외에도 그늘을 좋아하는 미르타케아 노린재나무와 산딸나무를 식재했다.

- 피소: 여름철 고온에 의해 줄기의 형성층 조직이 벗겨져 목질부가 노출되는 현상.
- 동출지: 수간이나 굵은 가지에서 뻗어 나오는 가지.

40. 외부와의 연결을 방해하지 않는 창가

「복원·석축의 집」은 외부와의 연결을 방해하지 않도록 가토 씨가 창가 마감 방법에 심혈을 기울였다. 창호는 주택용을 사용하지 않고 빌딩용 사이즈를 사용하여 고정창(Low-E 복층 유리)을 설치하고 창틀을 없앴다. 따라서 실내와 정원을 분리한 것은 오직 유리뿐이므로 일체감이 생긴 것이다. 벽도 실내와 외벽까지 같은 색으로 마감하고, 더 나아가 1층은 바닥면과의 연속성도 추구했다.

아름답게 연결하기 위한 노력이 정원과 가까워지게 한다

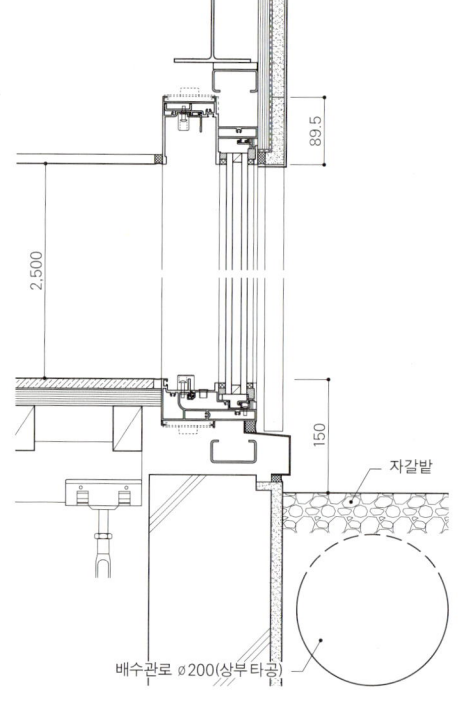

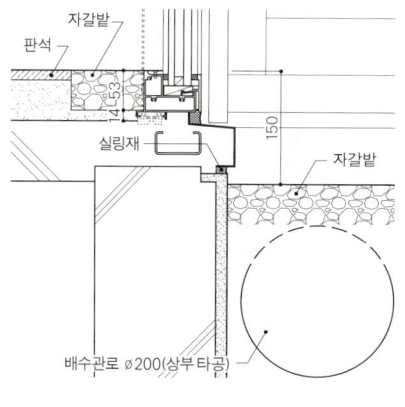

1층 창틀 주변 상세도
S = 1:10

실내 벽과 외부 벽을 연결하기 위해 창틀을 벽 안에 매립했다. 조금이라도 돌출된 부분이 있으면 그림자가 생겨서 사진처럼 빛이 연결되지 않는다. 또한 흙을 거의 기초 높이만큼 올라오도록 돋우어 실내 바닥과 연속성이 느껴지게 했으며, 기초 쪽으로 물이 들어오는 것을 방지하기 위해 배수관로를 만들어 배수될 수 있도록 했다.

목재 루버 상세도 S = 1:10

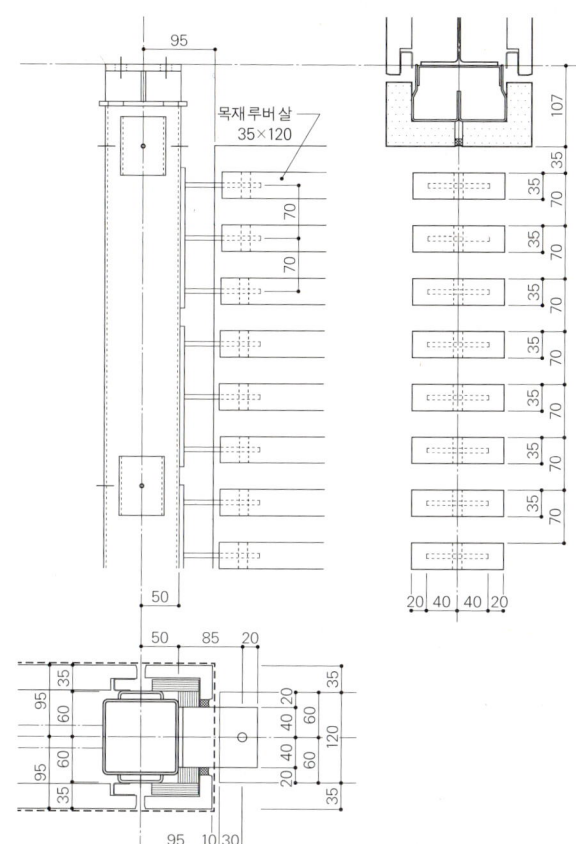

목재 루버 상세도 S = 1:80

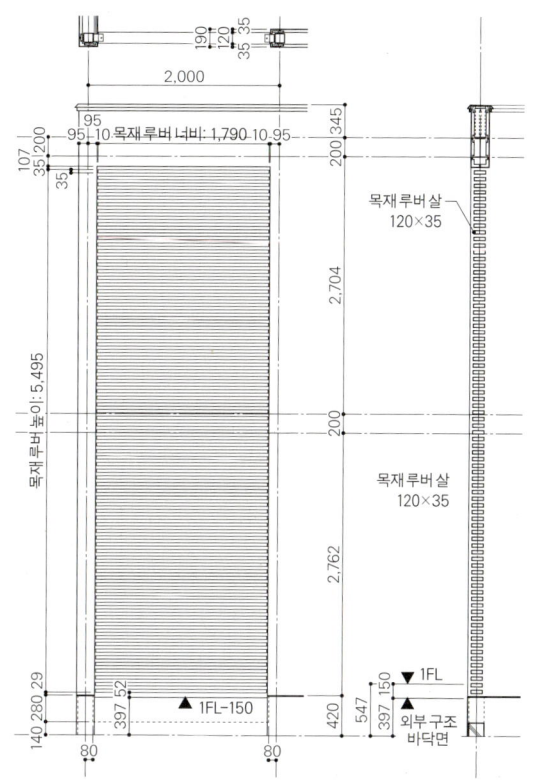

외벽은 초록빛이 돋보이는 흰색 도장 마감. 또한 기초 부분도 흰색으로 도장하여 일체화시켰다. 물끊기는 눈에 띄지 않도록 홈을 아래쪽에 음각으로 넣었다.

또한 이 주택은 외부의 시선을 신경 쓰지 않고 커튼 없이 생활할 수 있도록 외벽이 세워져 있다. 공원이나 먼 산의 녹음이 보이는 방향에는 루버를 설치하고 그 외의 창은 하나도 내지 않았으나, 건물과 도로 사이에 외부 정원을 만들어 거리에 녹음을 제공함으로써 주위에 위화감을 주지 않도록 배려했다. 목재 루버는 실내에서는 외부 경치가 보이도록 치수가 정해져 있다. 높낮이 차이를 이용하여 도로에서 봤을 때의 시선이 실내에 미치지 않도록 루버의 깊이를 깊게 만든 가토 씨의 꼼꼼한 설계를 보면 절로 고개가 숙여진다.

41. 하나의 정원을 다양한 높이에서 바라본다

건축가 후지와라·무로 씨가 설계한 「세키야의 집」은 약 4m×4.4m 크기의 중정을 중심으로 거실 겸 주방, 침실, 아이 방, 욕실 겸 세면실이 정원을 둘러싼 회랑식으로 배치된 단층집이다. 중정을 향해 창을 냈기 때문에 모든 실내 공간에서 정원을 볼 수 있다. 이 주택이 흥미로운 점은 단층집이기는 하지만 바닥 높이에 높낮이 차이를 주어 각각 다른 높이에서 정원을 바라볼 수 있다는 점이다. 거실 겸 주방의 맞은편에 위치한 아이 방의 바닥 높이는 700㎜ 낮다. 그만큼 천장이 높아진 데다가 창문 크기까지 더해져 매우 개방적인 공간이 되었다.

창가에는 지반선과 거의 비슷한 높이에 책상이 제작 설치되어 있어 그곳에 앉으면 지면과 가까운 위치에서 정원을 바라볼 수 있다. 66쪽의 「복원·석축의 집」이 2층에서 수목의 가지와 잎을 바라볼 수 있도록 설계되었다면, 「세키야의 집」은 밑에서 올려다보며 가까이 다가오는 듯한 수목을 즐기는 설계다.

이 주택은 비용 절감을 위해 강자갈밭 면적을 늘렸고, 늘 시선이 지면을 향하게 될 것을 고려하여 낙엽이 눈에 띄지 않도록 갈색 돌을 많이 섞었다. 수목은 아이 방 쪽으로 모아서 배치했다.

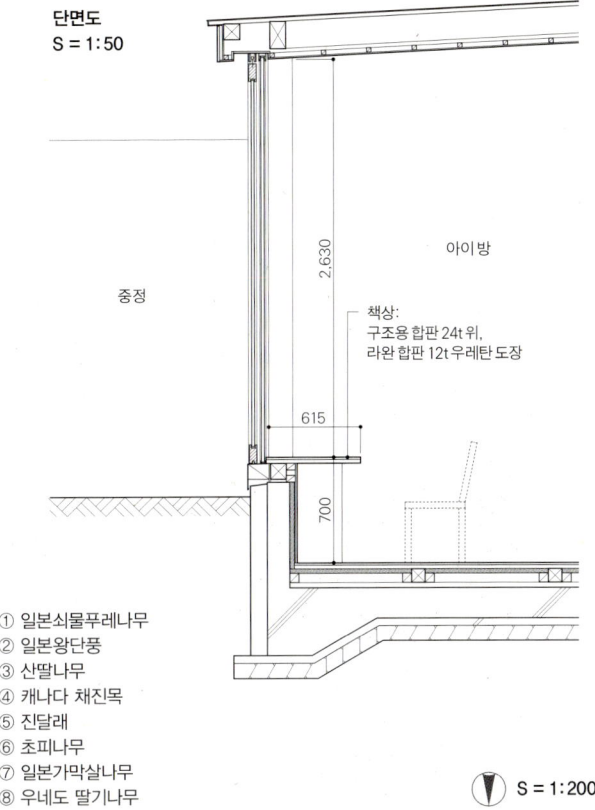

단면도
S = 1:50

중정

아이방

2,630

책상:
구조용 합판 24t 위,
라완 합판 12t 우레탄 도장

615

700

① 일본쇠물푸레나무
② 일본왕단풍
③ 산딸나무
④ 캐나다 채진목
⑤ 진달래
⑥ 초피나무
⑦ 일본가막살나무
⑧ 우네도 딸기나무

S = 1:200

세키야關屋의 집(오사카)
설계: 후지와라·무로 건축설계사무소
시공: 조부
대지 면적: 240.68㎡
건축 면적: 119.68㎡

아이 방은 바닥 높이를 낮추고, 창을 향해 책상을 제작 설치했기 때문에 지면과 가까운 높이에서 정원을 바라볼 수 있다. 올려다보면 마치 수목이 다가오는 듯하다. 한편, 거실 겸 주방은 중정을 향해 전면 고정창을 냈다. 거실 겸 주방과 아이방을 연결하는 툇마루는 기초를 올려 지반선을 높여서 정원을 한층 더 가까이 느낄 수 있도록 했다.

42. 실내 공간 어디에서나 정원을 바라볼 수 있게

「내부 정원·외부 정원의 집」 중정에는 안주인이 애지중지 키우던 화분에 있던 식물을 정원에 심었다. 지피식물은 좋아하는 식물을 심으면 된다.

정원을 유용하게 활용하기 위해서는 사생활을 보호할 수 있는 중정이 있는 구조가 좋은 것 같다. 주위의 시선을 신경 쓰지 않고 정원을 향해 창문을 열 수 있는 환경은 매우 쾌적하다.

건축가 요코우치 도시히토 씨가 설계한 「내부 정원·외부 정원의 집」은 내부와 외부에 정원 두 개가 있는 구조다. 중정을 중심으로 설계되어 가구 배치까지 정원과의 관계를 고려하여 정해져 있다.

곳곳에 정원을 향한 벤치나 소파가 제작 설치되어 있어 조경사로서는 어디에서 봐도 아름다운 정원으로 만들어야 하기 때문에 최선을 다하게 된다. 그래서 두 개의 석가산을 만들고 비단잔디로 연결되도록 배치하여 정원 전체가 보이는 주방에서는 풍요로운 나무숲을, 일본식 방의 낮은 시선에서는 석가산의 지피식물을 바라볼 수 있도록 했다. 중앙의 잔디에는 나무 그림자가 드리워져 계절에 따라 다른 분위기를 즐길 수 있다.

그리고 이 작업을 통해 배운 것이 있다. 요코우치 씨는 내부 정원과 외부 정원 양쪽에서 모두 사용할 수 있는 창고를 만들어 정원용 도구를 수납할 수 있도록 했다. 사실 릴 호스나 삽을 사용한 후에 집 안에 보관하는 사람은 없다. 대부분의 가정이 밖에 그대로 내놓는다. 그런 것들을 바로 넣어둘 수 있는 장소가 외부에 있는 것은 정원을 아름답게 관리한다는 측면에서도 매우 편리하다. 그런 요코우치 씨의 배려가 효과가 있었는지 안주인은 매일같이 정원 가꾸기를 즐기고 있다고 한다.

내부 정·외부 정원의 집(오사카)

설계: 요코우치 도시히토 건축설계사무소
시공: 코아 건축공방
대지 면적: 328.65㎡
건축 면적: 177.91㎡

※외부 모습은 24쪽에 게재

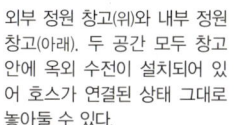

외부 정원 창고(위)와 내부 정원 창고(아래). 두 공간 모두 창고 안에 옥외 수전이 설치되어 있어 호스가 연결된 상태 그대로 놓아둘 수 있다.

① 일본담팔수
② 새덕이
③ 일본쇠물푸레나무
④ 단풍나무
⑤ 캐나다 채진목
⑥ 페이조아
⑦ 드문히어리
⑧ 팥배나무
⑨ 산딸나무
⑩ 일본담팔수
⑪ 시볼드 당단풍
⑫ 와비스케 레티쿨라타동백
⑬ 캐나다 채진목
⑭ 정금나무

S = 1 : 200

이웃집에서 받은 깜짝 계절 선물!

「미나미요노의 집」의 거주자인 S씨가 보내준 사진이다. 어느 봄날 정원 손질을 하고 있는데 정원 담장에 뚫어놓은 하부 개구부 너머로 튤립이 만개했다! 이웃집에서 깜짝 계절 선물을 보냈다며 좋아했다.

43-54
RECIPES
OF
TOSHIYA OGINO

3

정원에서 일상을 보내는 아웃도어 리빙

가족이 한자리에 모였을 때, 친구가 놀러 왔을 때 정원에서 식탁에 둘러앉아 식사를 하거나 차를 마시면서 잡담을 나눈다. 휴일의 그런 오붓한 시간도 정원이 있기에 실현할 수 있는 것. 이 장에서는 멋진 정원 테라스를 만드는 법, 아웃도어 리빙을 즐기는 법을 소개한다.

43. 정원을 집 구조의 연장선으로 생각한다

우드 데크는 사용하지 않으면 의미가 없다. 소리 높여 말하고 싶다. 앉아서 정원을 바라보는 처마 밑 툇마루도 좋으나, 이왕이면 정원을 생활 공간으로 생각하고 식사를 할 수 있는 크기의 '정원 테라스'를 만들어서 아웃도어 리빙을 즐겨보는 것은 어떨까? 손님을 초대했을 때 모두 앉을 수 있는 크기면 된다.

또한 테라스는 주방에서 가까운 위치에 배치하도록 하자. 이를테면 제2의 식당이므로 주방과의 동선이 중요하다. 예를 들어 2층에 커다란 옥상 발코니를 만들었다고 하자. 거기에서 식사를 하거나 차를 마시며 지내는 것을 상상했다고 해도 1층에 주방이 있으면 발코니까지 음식을 나르거나 식기를 치우거나 할 때 계단을 오르내려야 하면 상당히 번거로워진다. 그러다가 '식탁에서 먹는 게 보약이야'라는 말이 나오게 되면서 기껏 만들어 놓은 옥상 발코니도 그다지 활용하지 않게 된다. 대부분의 가정이 우드 데크를 나중에 설치하기 때문에 기대했던 것만큼 사용하지 않는 집이 많다. 정원도 일상을 보낼 수 있는 장소이므로 다른 실내 공간과 마찬가지로 동선을 고려하도록 한다.

조경 설계를 할 때는 어디에 테이블을 놓을지를 생각하면서 주변에 녹음을 더해간다. 오우기 건축공방扇建築工房에서 설계한 「이에시로의 집」은 4평의 넓은 우드 데크가 있는 구조다. 옆에 욕실이 있어 거기에는 차폐용 나무를 심고, 반대쪽에도 교목을 배치하여 나무와 나무 사이에 정원 테라스를 만드는 식재를 제안했다.

우드 데크 중앙에 관목이 심겨 있는 경우도 흔히 있는데, 가지나 잎이 장애물이 되므로 심는다면 4~5m 높이의 교목을 추천한다. 밑가지가 없어서 나무 아래를 사람들이 편하게 지나다닐 수 있고 나무 그늘도 생기므로 기분 좋은 장소가 된다.

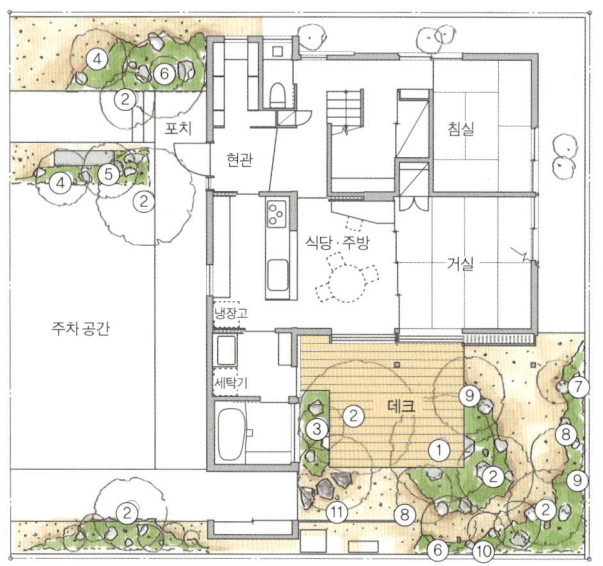

① 단풍나무
② 일본쇠물푸레나무
③ 노무라단풍
④ 정금나무
⑤ 시볼드 당단풍
⑥ 동청목
⑦ 사람주나무
⑧ 드문히어리
⑨ 사쓰마 퍼진철쭉
⑩ 정금나무
⑪ 섬회나무

S = 1:200

우드 데크 양쪽에 교목을 심어 수목으로 둘러싸인 듯한 공간을 만들었다. 맑은 날에는 단풍나무 잎 사이로 비치는 햇살이 데크 위에서 상쾌하게 흔들린다. 데크 주위에는 자갈을 깔아서 강가의 자갈밭을 재현하여 계곡 식당처럼 연출했다. 이 집에서는 손님 접대를 우드 데크에서 한다고 한다.

이에시로家代의 집 (시즈오카현)

설계: 오우기 건축공방
시공: 오우기 건축공방
대지 면적: 225.51㎡
건축 면적: 76.39㎡

Chapter 3 정원에서 일상을 보내는 아웃도어 리빙 077

44. 우드 데크에서 손님 접대

우드 데크의 매력 중 하나는 실내화를 신은 채로 드나들 수 있는 편안함이다. 실외용 신발로 갈아 신어야 하면 어느 순간 이용하지 않게 되기 마련이다. 그래서 실내 바닥과 단차 없이 평평하게 만들면 좋다. 심리적인 문턱이 없어짐으로써 더욱 이용하기 편해진다.

테라스에서 사용하는 테이블은 실내외 겸용을 추천한다. 야외 테이블 세트도 판매되고 있으나, 밖에 그대로 두면 정작 사용할 때는 먼지를 털어 내거나 닦아 내야 하고, 사용하지 않을 때는 공간만 차지하고 방해물이 되고 만다. 어딘가에 넣어둔다고 해도 이 경우에는 수납공간이 필요하다. 그럴 바에는 차라리 '오늘 밤은 달님이 예쁘니까 밖으로 식탁을 가지고 나가야지' 하며 주방 식탁을 들고 우드 데크로 나가는 것이 좋을 것 같지 않은가?

「이에시로의 집」은 다다미가 깔린 거실이라서 우드 데크 위에서도 앉은뱅이 탁자를 사용한다. 생선을 풍로에 구울 때는 앉은뱅이 탁자의 높이가 안성맞춤이다. 그리고 우드 데크 옆에 물확을 놓아두면 식사할 때는 와인 쿨러 대용으로 사용할 수도 있다. 얼음을 가득 넣어 샴페인이라든지 맥주 같은 것을 차게 하여 "마시고 싶은 것을 고르세요"라며 선택하게 한다. 여름철에는 수박을 넣어두어도 좋을 것 같다(웃음).

우드 데크 옆에 놓은 고풍스러운 물확은 와인 쿨러로 이용한다.

창문을 전면 개방하면 넓은 테라스가 다다미가 깔린 거실과 연결된다.

45. 우드 데크 소재

우드 데크의 소재는 건물에 맞춰 선택하면 된다. 내구성을 생각하면 고가이기는 하지만 이페나 울린 등의 하드 우드를 사용한다. 딱딱한 소재이므로 발에 닿는 감촉은 좋지 않다. 이것이 신경 쓰이면 천을 한 장 깔아주면 해결된다. 러그를 깔고 바닥에 앉기도 하고 쿠션을 가지고 나와서 누워 있어도 좋을 것 같다.

삼나무 같은 침엽수의 경우는 부드럽고 발에 닿는 감촉도 좋으나, 관리가 필요하다. 외벽이 목재 패널이면 같은 소재를 사용하고 외벽과 함께 유지 관리를 하는 방법도 있다. 「야시로의 집」에서는 데크 소재는 사이프러스(무도장)를 사용하고, 관리는 손상되었을 때 손상된 부분만 교체하고 있다고 한다.

우드 데크를 감싸듯이 단풍나무와 일본쇠물푸레나무를 더해주었다.

46. 철근 콘크리트 기초로 식물을 더욱 가까이

우드 데크는 동자기둥으로 지지하는 것이 일반적이나, 가능한 기초를 올렸으면 한다. 그렇게 하면 기초에 붙여서 흙을 쌓아 올려 석가산을 만듦으로써 지반면을 높일 수 있다. 지반면이 높아지면 우드 데크와 식물의 거리가 가까워지므로 풀이나 꽃을 더욱 가까이에서 즐길 수 있다. 철근 콘크리트 타설이 어려울 경우는 콘크리트 블록이라도 괜찮다.

물론 동자기둥으로 지지한 경우도 자갈을 깔아 지반면을 높일 수 있으나 데크 아래로 쓰레기나 잡초, 작은 동물이 들어가거나 하면 곤란한데, 주택 기초와 일체화되어 있으면 그럴 염려가 없다.

이사지伊左地의 집(시즈오카현)
설계: 오우기 건축공방
시공: 오우기 건축공방
대지 면적: 276.45㎡
건축 면적: 116.92㎡

기초에 흙과 자갈을 깔아 지반면을 우드 데크 높이와 비슷하게 높여줌으로써 식물이 더욱 가깝게 느껴진다.

47. 작아도 정원 테라스를 만들 수 있다

① 일본쇠물푸레나무
② 졸참나무
③ 미르타케아 노린재나무
④ 일본가막살나무
⑤ 산딸나무
⑥ 둥근잎다정큼

S = 1:200

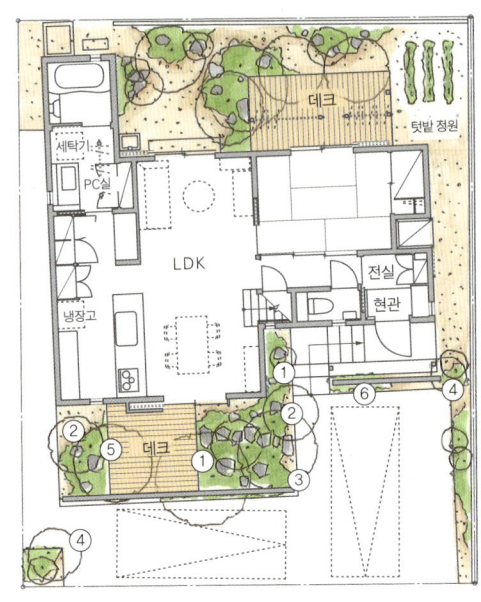

거실이나 주방에서 나오기 쉽고 깊이가 2m 정도 되어서 어느 정도 사생활 보호가 된다면 작아도 유용하게 활용할 수 있는 데크 테라스를 만들 수 있다. 다니구치 공무점에서 시공한 「히코네의 집」은 건물과 담 사이의 자투리 공간을 활용하여 데크 테라스를 만들었다. 좁은 공간이라도 여러 명이 앉을 수 있도록 콘크리트 담에 벽부형 벤치를 설치했다.

불과 2.4m×2.4m의 공간에 흙쌓기를 해서 만든 1.75평 데크 테라스. 진입로에서도 돌계단을 이용하여 올라올 수 있다. 콘크리트 담장을 세워 사생활도 보호한다.

히코네彦根의 집(시가현)

설계: 다니구치 공무점
시공: 다니구치 공무점
대지 면적: 182.70㎡
건축 면적: 70.48㎡

48. 좋은 경치가 없을 때

거실에서 작은 잔교를 건너 진입하는 데크 테라스는 삼각형 대지를 효율적으로 이용한 공간이다. 거실과 테라스 사이에 식재를 함으로써 데크에서도 실내에서도 녹음이 가깝게 느껴진다. 도로에 면해 있으므로 벤치는 내부를 향하도록 만들었다.

만일 우드 데크 주변에 좋은 경치가 없을 경우는 담장을 세워서 실내를 향하도록 벤치를 만든다. 자신의 집과 정원, 생활 공간을 느긋하게 바라보는 것도 일상의 평온함을 느낄 수 있는 시간이다. 녹음을 사이에 두고 실내에 있는 가족과 대화를 나눌 수 있는 것도 소소한 호사가 아닐까.

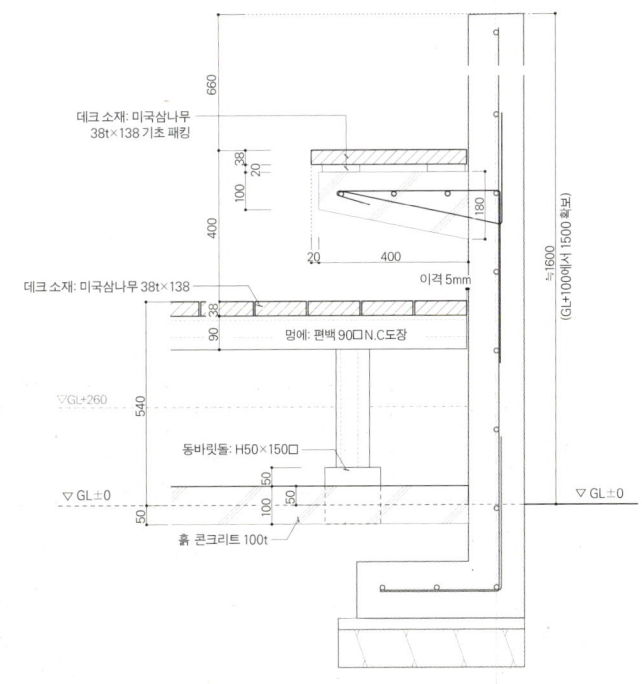

벽부형 벤치 단면도
S = 1 : 20

도면 제공: 이레이 사토시 설계실

다니구치 공무점 사옥 (시가현)
설계: 이레이 사토시 설계실
시공: 다니구치 공무점
대지 면적: 396.60㎡
건축 면적: 171.07㎡

49. 우드 데크는 정면에서 사선으로

일반적으로 정원은 거실 근처에 만드는데, 요즘은 거실을 연장한 것처럼 우드 데크를 설치하는 경우가 많은 것 같다. 그럴 경우 거실 창 너비에 맞춰서 데크를 깔아버리면 나무나 꽃을 거실에서 먼 위치에 심게 되고 만다. 그러면 실내에서 녹음을 즐길 수 없으므로 데크를 거실 창 정면에서 조금 비껴서 배치하고, 나무와 꽃을 거실 창 근처에 심는다. 이때 지반면을 조금 높여서 녹음이 가까워지게 하면 좋다. 겨울에도 창밖 녹음을 가까이에서 느낄 수 있다.

① 일본쇠물푸레나무
② 단풍나무
③ 새덕이
④ 캐나다 채진목
⑤ 종가시나무
⑥ 졸참나무
⑦ 아몬드
⑧ 팥배나무
⑨ 일본당단풍
⑩ 촛대초령목

S = 1:200

다쓰타龍田의 집(구마모토현)

설계: 이레이 사토시 설계실
시공: 스마이 공방
대지 면적: 215.14㎡
건축 면적: 126.56㎡

50. 옥외 식사를 제안한다

야외에서 먹는 밥은 맛있는 법이다. 자연에 둘러싸인 장소에서 불 옆에 모여 앉아 밥을 먹는 걸 좋아하는 건 숲 속에서 살아온 야생성이 남아 있어서인지도 모른다. 날씨가 좋은 날 밖으로 나가 나뭇잎 사이로 들어오는 햇살 속에서 식사를 할 수 있다면 최고의 호사일 것이다. 바로 그 장소가 자신의 집 정원이라면 두말할 것도 없다(웃음).

정원에 식용 가능한 식물을 배치할 때가 많다. 블루베리나 빌베리 같은 관목을 심기도 하고, 로즈메리나 타임 같은 허브류를 지피식물에 섞어 심기도 한다. 보기에도 좋고 맛도 좋은 식물들이다. 정원에서 수확한 블루베리 잼으로 만든 샌드위치를 자신의 정원에 있는 나무 아래에서 먹는 시간은 무척 행복한 시간이 될 것이다. 조성한 정원을 충분히 활용했으면 한다.

공간에 여유가 있다면 콘크리트로 옥외 주방을 만들 수도 있다. 주방이라고 해도 싱크대와 작업대만 있으면 충분하다. 거기에 휴대용 가스버너만 가지고 나오면 주방이 완성된다. 그 자리에서 조리할 수 있으면 야외에 나온 느낌이 배가된다.

다가시라 겐지가 설계한 「고사카의 집」은 차를 3대 주차할 수 있는 차고지 위에 잔디밭을 깔아 정원을 만든 구조다. 시콰사나 레몬 등의 감귤류, 소귀나무, 캐나다 채진목, 빌베리, 허브류를 심어 옥외 파티를 할 수 있는 호사로운 공간이 되었다.

효고현에 있는 야마히로 씨의 「고켄五件 저택 모델하우스」는 잔디밭 정원에서 바비큐 파티를 할 수 있는 생활을 제안하고 있다. 그래서 레몬이나 블루베리 등 유실수를 심었다.

고사카小阪의 집(오사카)

설계: 다가시라 겐지 건축연구소
시공: Archish Gallery
대지 면적: 346.74㎡
건축 면적: 254.48㎡

*단면도 97쪽 게재

51. 도심에서도 제안할 수 있는 옥상 텃밭

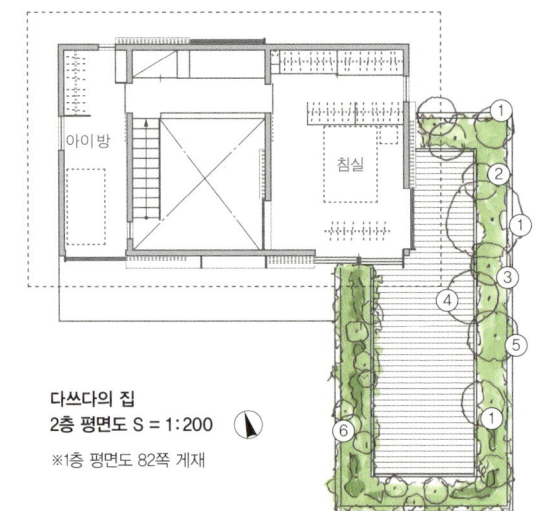

① 블루베리
② 레몬
③ 페이조아
④ 영귤
⑤ 광귤
⑥ 허브류

다쓰다의 집
2층 평면도 S = 1:200
※1층 평면도 82쪽 게재

이레이 사토시 씨가 설계한 「다쓰타의 집」은 주차장 지붕 위에 우드 데크를 깔고, 가장자리에 흙을 채워 토마토나 블루베리, 허브 등을 심은 텃밭을 만들었다. 건물에 하중이 가해지지 않도록 텃밭은 가장자리에만 만들었으며, 주차장 지붕은 쇠기둥으로 받쳐져 있다. 지붕 전체를 녹화하면 관리하기 힘들지만, 가장자리에만 있으면 손실하기도 쉽다.

주차장 지붕에 있는 식물은 지나가던 사람들 눈에 띄어 열매를 맺거나 단풍이 들거나 하면 계절의 변화에 따라 이야깃거리가 생긴다. 사진은 11월 하순 촬영.

먹을 수 있는 정원이 즐겁다

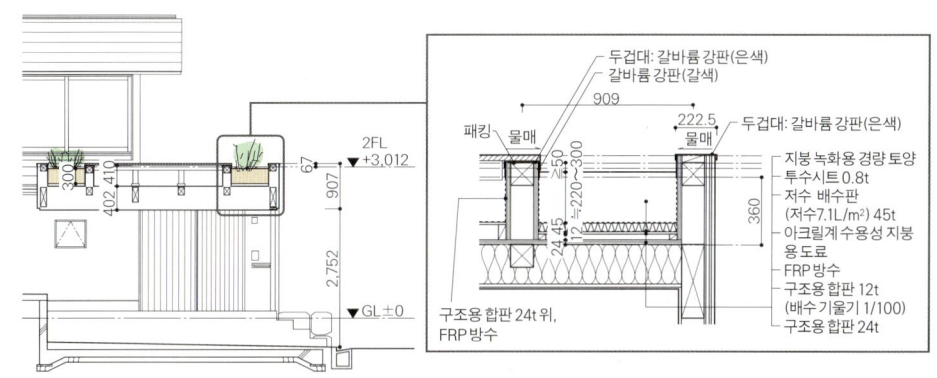

데크는 2층 부부 침실로 출입하고, 창틀 폭을 넓게 만들어 그곳에 앉아서 밖을 바라볼 수 있게 되어 있다.

52. 처마 밑 테라스 식당

앞서 실내와 평평하게 연결되는 우드 데크에 대해 말한 바 있으나, 지역이나 조건에 따라서는 평평하게 연결되지 않는 것이 좋은 경우도 있다.

예를 들어 가고시마에서는 사쿠라지마 분화로 인해 재가 날리므로 완전한 개방형 테라스가 아닌, 처마나 차양으로 재를 막아주면서도 청소가 용이하도록 실내보다 한 단 낮춰 판석을 까는 등의 구조로 되어 있다. 베가 하우스가 설계한 「정원 테라스의 집」은 175cm의 깊은 처마를 이용한 정원 테라스가 있다. 식당과 나란히 테이블 세트도 놓여 있다. 휴일이면 "오늘은 밖에서 먹을까? 안에서 먹을까?"라는 대화를 나누기도 한다고 한다. 식재는 테라스가 도로 쪽으로 향해 있으므로 식재 계획을 할 때 사생활 확보를 배려했다. 주차장·담장·식재·테라스 순서로 담장과 테라스 사이에 식재를 배치함으로써 도로와 거리감이 느껴지도록 연출했다.

「정원 테라스의 집」은 주방 겸 식당 옆에 판석을 깐 정원 테라스를 만들어 자체 제작한 옥외용 테이블 세트를 놓았다. 깊은 처마 밑 공간에서는 어느 정도 비가 내려도 바비큐 파티를 할 수 있다.

정원 테라스의 집 (가고시마현)

설계: 베가 하우스
시공: 베가 하우스
대지 면적: 166.12㎡
건축 면적: 77.42㎡

① 벚나무 '미야비'
② 단풍나무
③ 촛대초령목
④ 사쓰마 퍼진철쭉
⑤ 일본쇠물푸레나무
⑥ 엑스버리 아잘레아
⑦ 산딸나무
⑧ 도사물나무
⑨ 레티쿨라타동백
⑩ 동청목
⑪ 식나무
⑫ 미르타케아 노린재나무
⑬ 황칠나무

평면도 S = 1:200

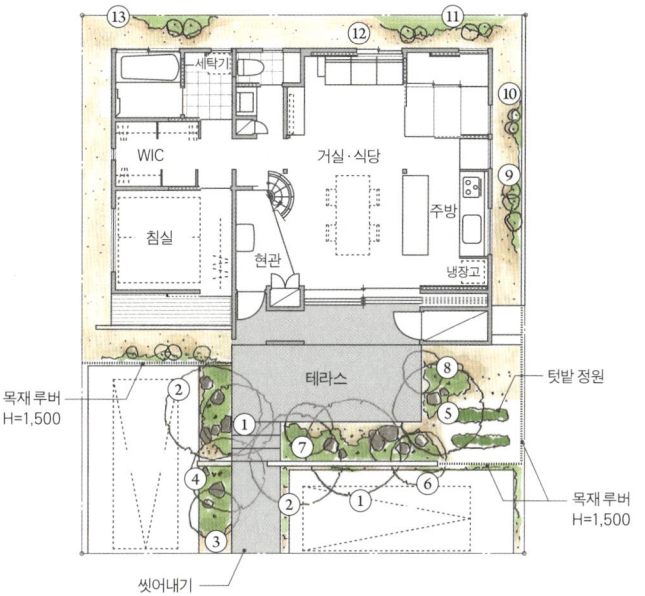

53. 도로와 집 사이를 풍요로운 장소로

집 사이, 중간 영역을 풍요롭게 조성하는 것은 자연을 일상생활에 접목하는 데에 있어서 중요한 개념이다.
「시모다의 집」(설계: 이레이 사토시 설계실)은 2층 거실에 인접해 있는, 지붕이 달린 옥상 발코니가 있다. 이곳이 완충지대 역할을 하여 도로와의 거리를 유지하고, 또한 서향 햇빛이 직접 실내로 들어오는 것을 방지하는 역할을 하고 있다. 오후가 되면 우드 데크 위에 나뭇잎 그림자가 드리우고 산들바람이 불면 그 그림자가 하늘하늘 흔들리며 쾌적한 공간을 제공한다. 빛과 바람과 자연을 느낄 수 있는 풍요로운 사적 공간이다.
그리고 이곳은 7m 높이의 일본쇠물푸레나무를 1층의 필로티*에서 바닥을 관통하여 지붕 위까지 곧게 뻗어 올라가게 하는 방법을 시도했다. 일상생활 속에서 수목을 가까이 느낄 수 있는 것과 동시에 외부에 심은 일본쇠물푸레나무와 연결되어 있어 본래 나무가 심겨 있던 장소에 공간을 만든 것 같은 연출 효과도 기대할 수 있다. 외부에서 보면 마치 그 나무를 피해서 집을 지은 것처럼 보이므로 그 소박한 모습이 무척 마음에 든다.

- 필로티 pilotis: 원래 건축의 기초를 받치는 말뚝이라는 뜻으로, 건축물의 1층은 기둥만 서는 공간이며 2층 이상에 방을 짓는 방식.

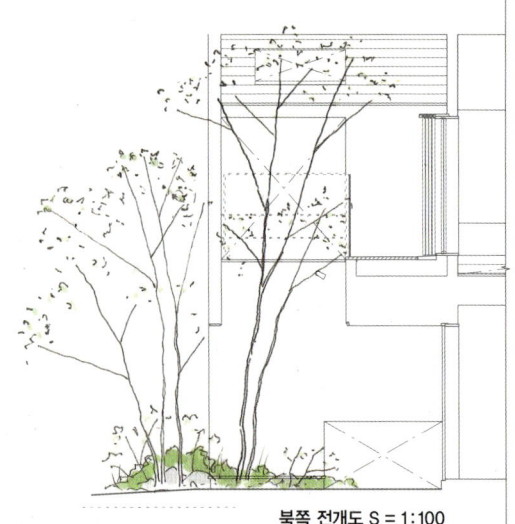

북쪽 전개도 S = 1:100

지붕이 있는 옥상 발코니는 빛과 바람과 비가 모두 들어오는 외부와 내부의 요소를 갖춘 장소다.

54. 나무의 줄기가 예뻐 보이는 난간

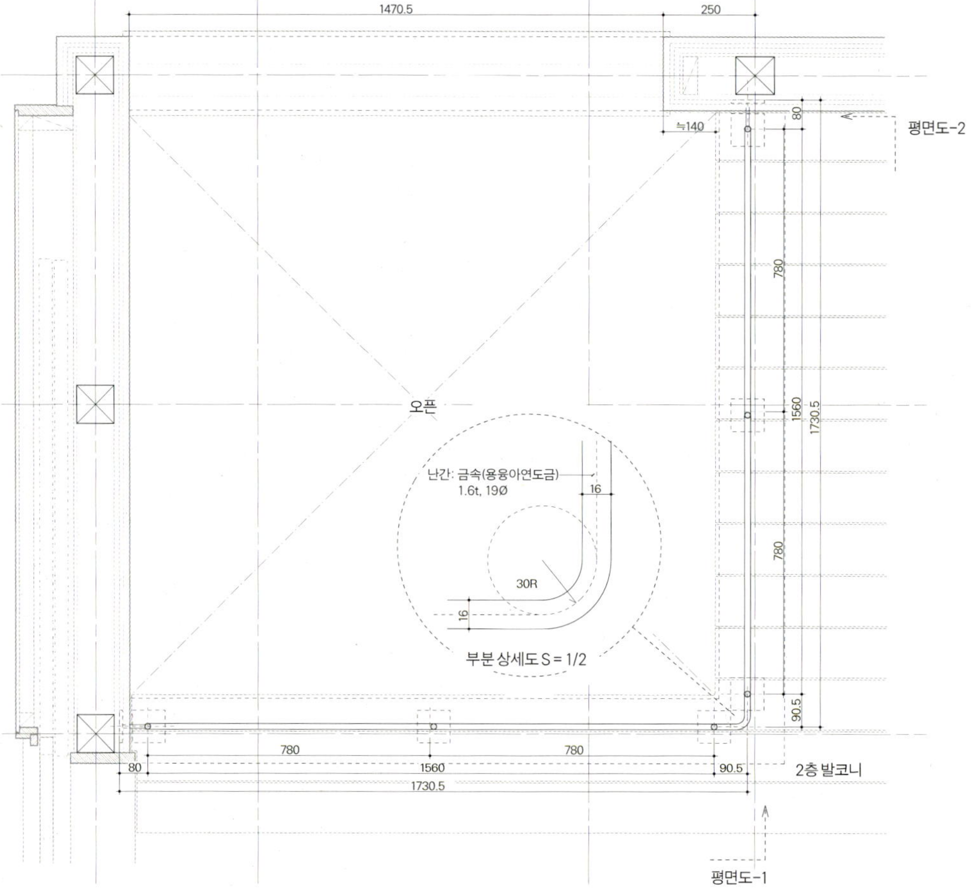

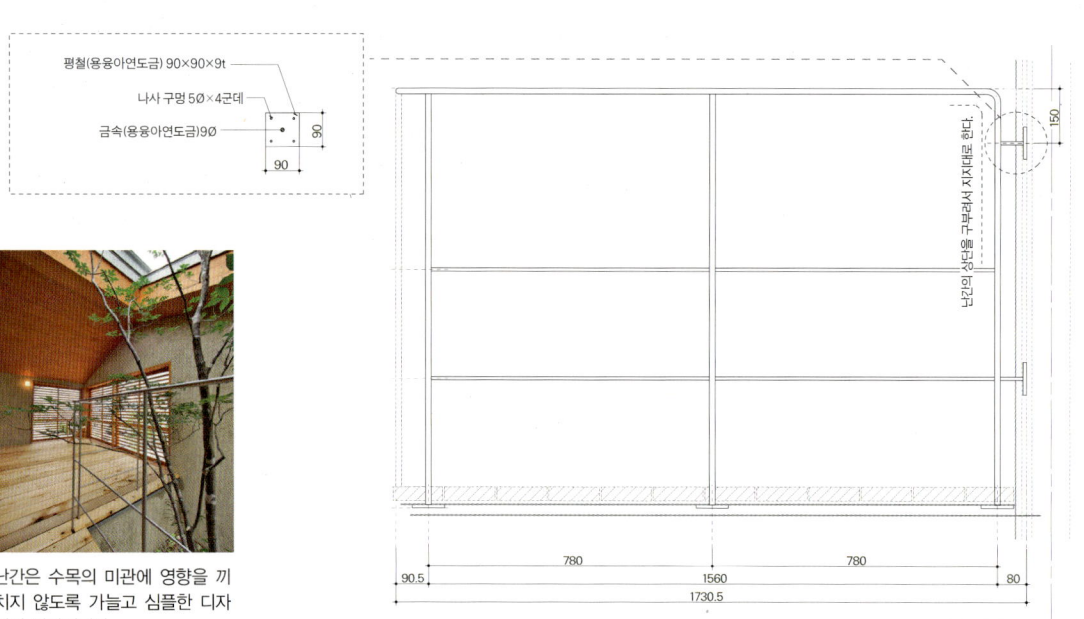

난간은 수목의 미관에 영향을 끼치지 않도록 가늘고 심플한 디자인이 이상적이다.

난간 단면도 S = 1:20

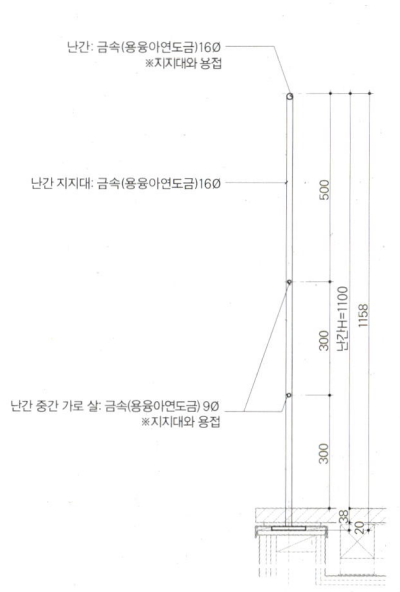

필로티에 심은 7m 높이의 일본 쇠물푸레나무가 옥상 발코니를 관통하여 지붕까지 뻗어 있다.

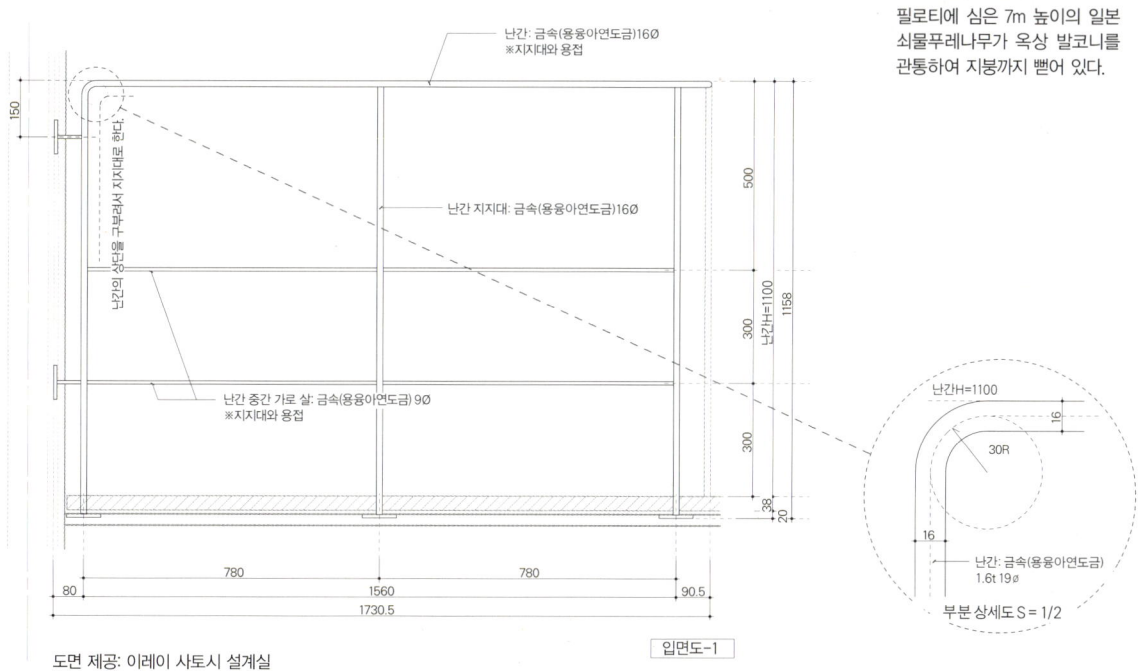

도면 제공: 이레이 사토시 설계실

입면도-1

부분 상세도 S = 1/2

일상생활 속에
야외를 즐길 수 있는 장소를

55-67
RECIPES
OF
TOSHIYA OGINO

4

정원을 장식하는 연출과 디테일

꼼꼼한 검토를 거쳐서 선정된 재료와 디자인으로 정성껏 만든 것은 저절로 아름다움을 자아내기 마련이다. 한정된 비용을 인건비로 사용하든, 재료비로 사용하든, 혹은 지혜에 투자하든……. 어느 쪽이든 수준 높은 것을 만들려면 노력이 필요한 법이다. 이 장에서는 더욱 아름다운 정원을 만드는 방법과 요령에 관해 이야기해보도록 하자.

55. 잔디 정원의 매력

여름철, 우드 데크는 직사광선이 내리쬐면 뜨거워서 걸을 수가 없지만, 잔디밭은 맨발로 밖으로 나가 정원을 돌아다닐 수 있다. 잔디밭 자체가 온도 조절을 하기 때문에 여름에도 뜨겁지 않은 것이다. 정원은 외부 공간에 평탄한 장소를 만든 것이 기원이라고 알려져 있다. 잔디 정원은 어린 아이들이 뛰어다닐 수 있고, 넘어져도 다치지 않고, 흙먼지가 일지 않고, 여름철 더위를 식혀주고, 외관도 아름다운 것 등 많은 장점이 있다. 잔디보다 더 좋은 지피식물은 없다고 해도 과언이 아닐 것이다.

정원을 조성할 때는 잡목 정원과 잔디밭을 조화롭게 구성하는 것이 포인트다. 다만, 잔디는 뿌리가 강하여 다른 식물 구역으로 침투해버리므로 잔디밭 경계선에는 뿌리 뻗음을 방지하는 경계 분리대를 설치한다. 다른 식물 속으로 파고들어 뒤섞이는 것을 방지하므로 잔디 깎기도 용이하다. 잔디밭은 크게 한국 잔디와 서양 잔디로 나뉜다. 한국 잔디는 더위에 강한 '난지형', 서양 잔디는 추위에 강한 '한지형'으로 불리는 경우가 많다. 주택에서는 한국 잔디의 일종인 비단잔디를 사용하는 경우가 많다. 잔디밭 관리는 생각보다 어렵지 않다. 138쪽에 정리되어 있으므로 참고하기 바란다.

건축가 히코네 아키라 씨가 설계한 「House M」은 넓은 중정을 중심으로 주거 전용 건물과 아틀리에 건물이 마주 보고 있는 ㄷ자형 구조다. 아틀리에에서 주거 공간이 보이지 않도록 중정을 녹음층으로 자연스럽게 구획하고 있다. 주거 공간에서는 녹음 너머로 아틀리에의 검은색 벽이 보일 듯 말 듯 적당한 거리감을 형성하고 있다. 여기에는 다소 많은 양의 식물을 배치했다.

인접한 공원의 녹음과 건물의 검은색 프레임이 정원의 수목과 잔디의 푸르름을 한층 돋보이게 한다. 녹시율 및 녹피율 측면에서도 잔디는 사람의 눈과 거리에 친환경적인 지피식물이다.

근처 공원의 녹음과 중정의 교목으로 경치를 연결하여 나무숲 속에 있는 듯한 그런 공간을 만들고 싶었기 때문이다.

다만, 잔디는 채광 및 통풍이 잘되는 환경을 좋아하는 식물이므로 되도록 건물 그늘이나 나무 그늘이 지지 않는 장소에 심어야 한다. 또한 주위에 있는 수목이 울창해지지 않도록 가지와 잎을 조절해주는 것도 중요하다.

검은색은 녹색을 한층 선명하고 밝아 보이게 하는 효과가 있다. 평평한 잔디의 표정이 수목의 역동성과 대비를 이루며 단순화된 건축이라는 그릇과 테두리 안에 아름답게 담긴다.

House M(오사카)

설계: 히코네 건축설계사무소
시공: 조부
대지 면적: 534.83㎡
건축 면적: 177.07㎡

① 단풍철쭉
② 단풍나무
③ 캐나다 채진목
④ 일본쇠물푸레나무
⑤ 산딸나무
⑥ 졸참나무
⑦ 시볼드 당단풍
⑧ 새덕이
⑨ 천선과나무

조경 도면 S = 1:200

Chapter 4 정원을 장식하는 연출과 디테일

56. 창밖 경관에 맞춰 인테리어를 선택한다

「House M」의 조경 작업을 하면서 감명 받은 것이 있다. 그것은 건축주가 정원 경치를 보고 '실내에 있어도 이끼 위에 앉아 있는 느낌이 들도록' 하기 위해 모스 그린 색상의 패브릭 소재 의자Finn Juhl(핀 율)를 선택했다는 것이다. 지금까지 정원과 내부의 일체감과 연속성에 많은 신경을 쓰기는 했으나, 인테리어와 정원을 연관 지어 실내를 꾸민다는 발상까지는 생각하지 못했다. 개인적으로 이것은 매우 획기적인 발견이었다.

아틀리에 건물 옆에는 자연석을 쌓아 올려 석가산을 만들었다. 본래의 지면은 크든 작든 조형이 있을 것이며, 그 부드러운 라인에서 편안함을 느낀다. 석가산이 있으면 녹음이 사선으로 올라가기 때문에 실내에서 보이는 녹화 양이 많아지므로 쾌적함이 배가된다.

히코네 씨는 이 석가산 축대 벽 상부에 목재 패널을 설치하여 벤치를 만들었다. 이 벤치는 있는 것과 없는 것에 따라 정원 분위기가 전혀 달라지는 고급스러운 정원 장식이다. 주변에 교목이 식재되어 있기 때문에 벤치에 나무 그늘이 생겨 식물을 가까이에서 느끼며 생활할 수 있는 기분 좋은 공간이 되었다.

아틀리에 건물의 대형 창 부근에는 석가산을 만들어 주거 공간으로 향하는 시선을 차단하고 있다. 창밖의 초록색에 맞춰서 선택한 의자를 보고 감동했다.

57. 정원을 예술 작품처럼 만든다

조경을 할 때는 실내에서 보이는 모습이 매우 중요하다. 창문을 액자에 빗대어 예술 작품을 보듯 정원을 바라볼 수 있도록 만드는 경우도 있다.

다가시라 겐지 씨가 설계한 K 저택에서는 「경사면이 보이는 정원」에 도전했다. 이 집은 자동차 세 대를 주차할 수 있는 공간이 필요하다고 하여 대지에 커다란 정원을 만들 수 있는 여유 공간이 없었다. 따라서 다가시라 씨는 빌트인 차고를 만들고, 그 위에 잔디를 깔아 정원을 만드는 구조를 생각해냈다. 정원은 경사면에 있는 돌계단을 통해 올라가는데, 그 경사면에도 정원을 만들어 식당 창문에서 조망할 수 있도록 만들 수 없느냐고 했다. 솔직히 깜짝 놀랐다. 장소에 따라서는 45도 가까이 경사진 곳이 있었으므로 토사 붕괴가 걱정되었기 때문이다(웃음). 결국 크고 작은 돌을 암벽처럼 급경사를 이루도록 쌓아 올려 흙과 초화류를 섞어가며 입체적인 벽면 녹화처럼 표현했다. 공사가 시작되고 잇달아 운반되는 돌을 보고 처음에는 거주자 K 씨도 불안해했으나 지금은 매우 마음에 들어 한다고 한다.

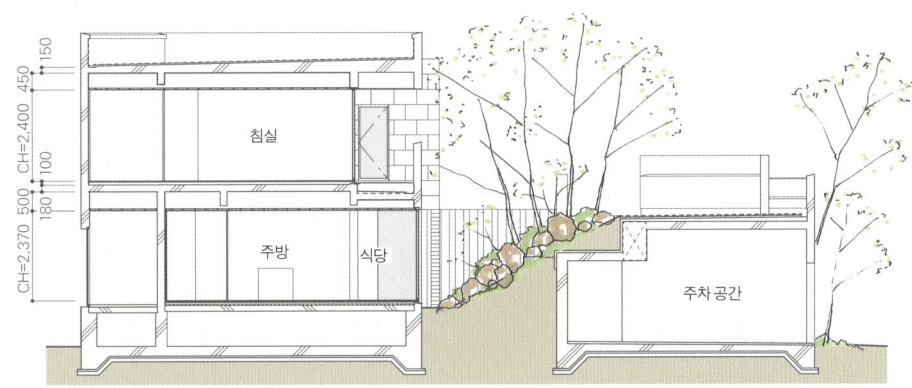

사진은 준공 당시인데, 현재는 돌과 돌 사이에서 풀이 자라 돌의 절반 가량이 가려져서 시간이 지날수록 매력이 더해지는 듯하다. 이 돌계단을 올라가면 차고의 상부를 이용한 잔디 정원으로 연결된다(사진은 83쪽에 게재)

고사카小阪의 집(오사카)
설계: 다가시라 겐지 건축연구소
시공: Archish Gallery
대지 면적: 346.74㎡
건축 면적: 254.48㎡

58. 아름다운 픽처 윈도

창이 아름다우면 정원이 돋보이기 마련이다. 그러나 배경이 잡다하면 애써 조성한 정원 경관을 손상시키고 만다. 가급적 벽을 세워서 동양화처럼 식물을 부각시키면 아름다운 경치를 연출할 수 있다. 또한 벽을 내부 벽 색상에 맞춰 내부와 외부를 연결시키면 실내에 있으면서도 야외에 있는 것처럼 식물을 느낄 수 있을 것이다.

사진은 요시카와 히로시吉川弥志 씨가 설계한 카페&바 「와바루 OKU」이다. 이 정원은 깊이가 2m 정도밖에 되지 않고, 인접 대지에는 오래된 주상복합 빌딩이 들어서 있었다. 결국 요시카와 씨는 불필요한 것들이 보이지 않도록 내림벽을 설치하여 가려주었다. 창을 좁게 만듦으로써 오히려 깊이감이 더해졌다. 또, 배경에는 실내와 같은 재료로 마감한 흰색 벽을 세워 섬세한 수형이 돋보이게 했다. 잎이 떨어지고 줄기만 남은 모습도 아름다우므로 일 년 내내 조망할 수 있는 정원이 되었다.

공간을 하얗게, 중심을 낮게 만듦으로써 고요함과 녹음 및 물의 싱그러움을 극대화시켰다. 개구부의 높이는 1450㎜로, 섰을 때와 앉았을 때 보이는 경치가 각각 다르다.

59. 조경석에 대해

돌은 인위적으로 보이지 않도록 한층 더 자연적인 상태에 가깝게 배치했다. 일본 정원이나 가레산스이* 정원처럼 돌을 세워서 부각시키지는 않는다. 가능한 평평한 돌로 존재감을 강조하지 않고 본래의 자연 풍경에 가깝게 만든다. 마치 암반의 갈라진 틈 사이로 식물이 자라 올라온 것처럼 돌을 앉혀 나간다.

돌을 앉혀놓으면 지면에 안정감이 더해지는 듯한 느낌이 든다. 또한 서서히 풍화되면서 이끼나 풀이 뿌리를 내리면 정원에 한층 더 운치가 생긴다. 돌 밑은 뿌리가 잘 자라므로 식물과 이상적인 조합을 이룬다. 그리고 돌을 중심으로 한 현대판 가레산스이 같은 정원을 만들 때도 있다. 가레산스이 기법 중에 비유법이라는 것이 있다. 돌 정원은 상상력을 자극하는 정원이다. 「미쓰이가든호텔 교토신마치 별장」은 전 세계에서 손님이 오는 장소이므로 오대륙을 이미지화했다. 위쪽에서 보면 세계 지도처럼 보일 것이다.

- 가레산스이枯山水: 물을 사용하지 않고 돌이나 모래로 산수山水를 표현한 정원.

아소 지방에서 산출되는 커다란 용암석 표면을 얇게 깎아낸 조경석. 지면에 거대한 돌의 나머지 부분이 깊숙이 박혀 있는 듯한 착각을 불러일으키는 역동성이 특징이다. 얇게 깎아냄으로써 겉으로 보이는 것보다 중량을 줄일 수 있는 장점도 있다.

60.
식물을 심는 아름다운 그릇

다가시라 겐지 씨가 설계한 「마미가오카真美ヶ丘의 집」에서는 테이블식으로 만든 화분을 2층 테라스에 놓아 나무 아래에서 술을 마실 수 있는 공간을 만들었다. 화분에는 올리브를 심어 열매를 따 먹으며 점심이나 칵테일을 즐길 수 있다. 나무 주위에 빙 둘러앉을 수 있는 식물 화분이 마치 꽃놀이를 하는 듯한 단란함을 연출해준다.

나가야마 유코永山祐子 씨가 설계한 「춘화당 오곡옥」(시즈오카현 하마마쓰시)의 중정에는 오곡을 이미지화한 화분을 제안했다. 나가야마 씨 특유의 날렵한 스테인리스 소재 띠가 나지막이 떠 있는 디자인은 콘크리트 2차 제품에서는 느낄 수 없는 긴장감이 있다.

61. 자갈을 강에 비유한다

뛰어노는 곳에는 잔디를, 그 외의 장소에는 강자갈. 이 두 가지 모두 내가 만드는 정원에서는 중요한 요소로써, 각각 구분하여 사용하고 있다. 포장을 할 수도 있으나, 그것은 진입로 등 필요한 부분에만 최소한으로 한다.
식재 구역은 섬, 자갈밭은 강이라고 생각하며 자갈을 물에 비유하여 사용하는 경우가 많다. 이 때는 반드시 바닥에 사용하는 자갈과 식재 구역의 경계 부분에 입자 크기가 굵은 자갈을 섞어주어 실제 강가처럼 강약이 있는 인상을 연출한다.
자갈은 전통적인 일본식 정원에 사용하는 흑자갈이나 백자갈 등은 많이 사용하지 않는다. 주로 다양한 색이 혼합된 자연스러운 둥그스름한 형태를 지닌 강자갈을 사용하는데, 낙엽이 눈에 띄지 않는 장점도 있다. 이 자갈을 데크 주변 등에 깔아 강변 테라스를 재현할 때도 종종 있다.

「시모다下田의 집」 정원에서는 강변 테라스처럼 숲 속의 청량감을 느낄 수 있는 식재, 데크, 자갈의 관계를 고려하여 정원을 꾸몄다.

62. 오감으로 느껴지는 녹음을 더한다

정원의 녹음을 오감으로 즐겨주었으면 하는 것이 평소의 바람이다. 바라보며 마음의 안정을 찾고, 만지면서 즐기고, 제철 과일을 맛본다……
그리고 사각사각 나뭇잎이 바람에 스치는 소리 또한 듣기 좋은 소리다. 실내에서도 바람의 강도를 소리로 느낄 수 있어 숲 속에 있는 듯한 느낌이 든다. 특히 동청목은 경쾌하고 아름다운 소리가 난다. 설명하기는 어려우나 나무에 둘러싸인 신사에서 나뭇잎이 바람에 스치며 바스락거리는 소리와 비슷하다. 일본에서는 동청목을 가볍게 흔들리는 나무라는 의미로 '소요고'라고 부르기도 한다.
또한 서향나무나 금목서 등 향기가 좋은 식물은 바람이 불어오는 방향에 심는다. 계수나무 잎 등도 푸르른 신록의 향 같은 좋은 향기를 풍긴다. 향기는 기억과 밀접한 관계가 있으므로 소중히 생각했으면 한다. 그 집이나 그 시간을 떠올리게 하는 기분 좋은 향기를 더해주면 좋겠다.

63 수공간에서 마음의 안정을 찾는다

물은 다양하게 활용할 수 있는데, 가령 손님이 오기 전에 미리 진입로에 물을 뿌려놓기도 한다. 이것은 물을 뿌린 곳을 걸어오면서 조금이라도 더위를 식혔으면 하는 배려다. 대지가 좁고 긴 장방형인 일본 교토의 경우, 정원이나 현관 앞에 물을 뿌리면 실내로 시원한 공기가 유입된다. 물을 뿌린 것이 바람을 만들어 낸다.

또한 수공간이 있으면 새들이 물놀이를 하러 오기도 하고, 물소리가 사람의 마음을 편안하게 해주기도 한다. 이 외에도 물은 증산 작용이 있으므로 여름에는 시원하게 느껴질 것이다. 증산된 물은 공기 중의 습도를 높여서 단풍이 아름답게 물들게 한다.

물확이나 돌 수반을 정원에 주로 놓는 편인데, 이때 건물 가까이에 놓으면 잔잔하게 흔들리는 수면이 햇빛을 반사하여 실내를 비춰 무의식중에 눈을 찡긋하며 미소 짓게 될 것만 같은 좋은 기분이 든다. 그래서 수면이 흔들리는 각도를 계산해가며 놓는 경우도 있다. 또한 연못처럼 커다란 수공간을 원할 경우에는 시냇물처럼 수류가 돌이나 식물 사이를 통과하는 방식을 제안할 때가 많다. 그것이 관리하기도 편하고 정화조 등의 중장비도 필요 없기 때문이다. 자연적으로 물이 기화 증발하는 것을 생각한다면 조금 우묵한 곳에 약간의 방수 처리만 해주면 물웅덩이를 만들 수 있다. 수공간에서 마음의 안정을 찾는 일상을 보내면 어떨까?

베가 하우스의 「아라타荒田의 집」에서는 돌을 연못에 비유한 수반을 제안했다. 얇은 스테인리스 홈통은 금속 작가에게 주문 제작한 독창적인 디자인이다.

베가 하우스의 「호두나무 집」도 그 중 하나다. 빗물받이를 연결하여 빗물을 모아 두는 단순한 구조의 연못을 만들었다. 연못과 냇물을 조합한 것과 같은 형태이며, 실내에 있으면 졸졸 물 흐르는 소리가 들린다.

64. 신선한 산소는 식물로부터

일상생활 속에서 자연이나 식물을 접하는 시간이 있으면 심신의 안정이나 긴장 완화 효과가 크고, 다양한 장점이 있다는 것이 증명되었다. 예를 들어 식물이 많은 환경에서 생활한 여성은 그렇지 않은 여성에 비해 사망률이 낮고 만성 질환에 걸릴 위험성도 낮다는 조사 결과가 미국에서 발표되었다. 또한 시가지를 걸을 때와 녹지를 걸을 때는 후자가 뇌의 피로를 줄여준다는 것도 과학적으로 증명되었다. 미국의 하버드 대학 캠퍼스는 학생이 반드시 녹지를 지나가도록 만들어졌다는 말도 있다.

녹지가 우리에게 미치는 영향력은 막대하다. 특히나 우리가 살아가는 데에 필요한 신선한 산소는 식물에서 얻고 있으니 말이다.

65. 밤에도 정원을 즐길 수 있는 조명

위에서 스포트라이트를 비춰 달빛을 표현했다. 지피식물이나 강자갈도 낮과는 다른 분위기를 즐길 수 있다.

편백나무 집(아이치현)

설계: 세키스이 하우스
 Architect Design실·가토 마코토
시공: 세키스이 하우스

「죽제의 집」에서는 조명 디자이너인 하나이 가즈히코花井架津彦 씨와 상의해가며 밤의 정원을 아름답게 보이게 하는 조명 설계를 검토했다. 스포트라이트를 처마 끝에 설치하여 2층 발코니와 1층에 있는 정원을 모두 비추고 있다. 인접 대지에 있는 대나무 숲은 줄기가 보이도록 상향 조명을 설치했다. 실내조명을 조광형으로 설치하여 정원을 조망할 때는 조도를 낮춘다.

죽제竹堤의 집(나라현)

설계: 세키스이 하우스 나라 지점
시공: 세키스이 하우스
조명 설계: 다이코 전기 TACT 주택팀
하나이 가즈히코

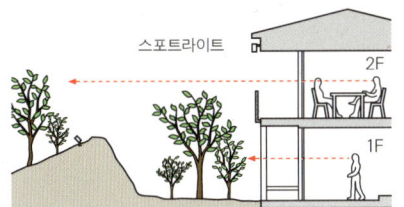

스포트라이트의 밑면과 처마 천장면의 높이를 맞춤으로써 실내에서 조명 기구가 보이지 않으며, 발코니와 정원을 모두 아름답게 비출 수 있다.

실내 조도를 높이면 창문에 실내가 투영되어 정원 경치가 잘 보이지 않는다. 조광형은 필요에 따라 조도를 낮출 수 있으므로 편리하다.

정원에 조명을 설치한 것은 좋으나, 유리에 실내가 비쳐 밤에는 실내에서 정원이 전혀 보이지 않는 그런 안타까운 사례가 적지 않다. 정원을 보기 위한 창문 유리가 거울 역할을 하여 실내 공간이 투영되어버리는 것이다. 이러한 현상은 실내외의 조도 차이에 의해 발생하는데, 실외도 어느 정도 밝으면 실내가 유리에 투영되는 현상을 줄일 수 있다.

가장 좋은 것은 조명 설계를 할 때 실내와 실외에 빛의 균형을 조절해두는 것이다. 실내에 조도를 조절할 수 있는 조명을 사용하면 상황에 맞춰 밝기를 조절할 수 있으므로 편리하다. 주의해야 할 점은 유리에 반사되지 않는 위치에 광원을 설치하는 것이다. 아무리 밝기를 조절해도 유리 팬던트와 같은 전반 확산형 기구는 반사광이 심하게 나타난다.

정원 조명으로 거치형 상향 조명을 설치해 식물을 밑에서 비추게 되어 있는 경우를 흔히 보는데, 자연 풍경을 재현한 정원에는 밑에서 올려 비추는 빛이 자연스럽지 못하다. 따라서 스포트라이트를 높은 위치에 설치하여 위에서 내려 비추는 하향 조명을 제안했다. 이상적인 것은 추석 보름달 같은 달빛이다.

그리고 밤에 바비큐를 하거나 전골 요리를 즐기는 경우에도 위에서 내려 비추는 빛이 효과적이다. 분위기 조성을 위해 바닥에 랜턴이나 캔들을 놓는 것도 좋지만, 그러면 고기가 구워진 상태를 알 수 없어 덜 익은 고기를 먹게 될 수도 있다. 위에서 비치는 빛이 아니면 물건의 색을 알 수 없기 때문이다. 상부에 하향 조명을 설치하는 경우에는 미리 건물에 배선을 해두어야 하므로 건축 설계와 함께 진행하도록 한다. 나중에 설치하게 되면 배선이 노출되어 미관을 해친다. 정원에 나가서 건물 쪽을 봤을 때 조명이 눈부시게 시야에 들어오지 않는 방법도 연구해야 한다. 스포트라이트는 각도나 방향을 조절하여 수목에 정확히 조명을 비출 수 있다. 벚꽃이 피거나 단풍이 들기 시작했을 때처럼 그때 한창 아름다운 식물에 빛을 비춰주는 것도 정원을 즐기는 방법의 하나다. 만약 스포트라이트를 설치하지 못할 경우는 스탠드 조명도 괜찮다.

물론 거치형 상향 조명이 절대 안 된다는 것은 아니다. 사진의 「죽제의 집」처럼 대나무 숲은 밑에서 비추는 것이 줄기의 아름다움이 돋보이고 분위기가 있다. 또한 잎 뒷면이 예쁜 식물 등을 비출 때도 좋을 것이다. 이외에도 계단이나 진입로에는 발밑을 비추는 거치형이 더 적합하다. 그 경우에는 가능한 조명 기구가 눈에 띄지 않게 한다.

자료 제공: 다이코 전기

달빛처럼 부드러운 빛을

미쓰이가든호텔 교토신마치 별장(교토)
운영: 미쓰이 부동산 호텔 매니지먼트
구상: Architects Office(이시카와 마사히데)
설계: 다케나카 공무점
시공: 다케나카 공무점

전면 개방을 하지 않고, 철제 루버로 개구부의 면적을 좁혀서 식물의 하부가 보이게 하는 연출도 독특하다. 루버 너머로 나무의 윤곽이 부각되어 한층 더 공간에 깊이감을 더해준다.

상부에 설치한 스포트라이트로 중정을 비추고 있다.

「미쓰이가든호텔 교토신마치 별장」에는 로비에 면해 있는 중정에 잡목 정원을 만들었다. 처음에는 배경이 되는 벽에 노출 콘크리트 마감을 하자는 제안도 있었으나, 수목이 돋보이도록 흰색 벽을 요청한 결과 회칠 마감으로 변경해주었다. 조명은 위쪽에서 스포트라이트를 비춰서 달빛처럼 부드러운 빛을 중정에 드리우고 있다.

밤이 되면 하얀 벽에 섬세한 수형의 그림자가 투영되어 식물들이 낮과는 다른 매력적인 표정을 보여준다. 밤의 정원을 보러오는 손님도 있다고 하니, 기회가 있으면 한번 들러보기 바란다.

66. 실내에서도 숲 속에 있는 것처럼

마에다 게스케 씨가 설계한 「숲의 거처」는 반지하에 심은 산딸나무가 건물을 관통하여 천장을 뚫고 나가는 방식의 과감한 구조의 주거 공간이다. 외부와 내부가 연결되어 있어서 나비와 새가 날아들어 어디가 밖이고 안인지 구분되지 않는다. 개폐식 창이 있어 비가 내리거나 할 때는 닫을 수도 있으나, 이렇게까지 할 수 있도록 허락해준 거주자가 멋있다는 생각이 든다. 내가 제안한 것은 교목이 천장을 뚫고 나가는 것이다. 설계 단계에서도 천장은 뚫려 있었으나, 거기에 나무를 심음으로써 마치 나무에 맞춰서 설계한 것처럼 보이지 않는가?

내 사무실도 실내에 식물을 심었다. 관엽 식물을 배치하기 위해 미리 식재할 장소를 만들어 놓고, 마치 외부 경치가 실내까지 침범해 들어온 것처럼 만들었다.

여기에서 실내에 식물을 심을 때의 포인트를 몇 가지 소개한다.

일조

실내에서는 빛의 유무에 따라 식물의 생육이 크게 달라진다. 하루에 몇 시간이라도 직사광이 드는 곳, 혹은 간접광이라도 평균 조도가 높은 곳이면 충분히 잘 자라는 식물이 있다. 자연광이 적은 곳에 심는 경우는 식물이 생육할 수 있는 밝기의 조도를 조명광을 통해 확보한다.

통풍 및 습기 대책

통풍이 되지 않는 장소에서는 습기가 차서 진드기나 곰팡이, 세균에 의한 병이 발생하기 쉬운 환경이 된다. 통풍 환경을 확보하거나 환기가 잘 되는 환경을 만든다. 단, 식물은 적당한 습도도 필요하므로 지나치게 건조해지지 않도록 주의해야 한다.

토양

벌레가 생기지 않도록 위생적인 인공 토양을 주로 사용한다. 주의해야 할 점은 배수가 잘되는 환경을 확보하는 것이다. 식재 장소를 커다란 화분이라고 생각하고 반드시 외부로 물이 빠지도록 한다. 지면에 심어서도 관엽 식물처럼 관리하는 것이다.

수종

식물은 실내 환경에 강한 것을 선정하여 심는다. 잎이 떨어지기 때문에 청소를 해야 하지만, 대량 식재가 아닌 경우라면 그리 힘든 일은 아니다. 「숲의 거처」에서는 그늘을 좋아하는 식나무를 안팎으로 심었는데 6년이 지난 지금도 건강하게 생장하고 있다.

관리

실내에서는 빗물에 노출되지 않으므로 잎에 먼지가 쌓이기 쉽다. 먼지가 쌓이면 광합성을 저해하므로 병이 발생하는 원인이 되기도 한다. 관수를 할 때는 잎에 물을 뿌려주거나 천 조각 같은 것으로 닦아준다.

사무실 중심에 있는 계단실은 실내에 식재되어 있다. 문을 유리문으로 설치하고 남쪽에 천창을 내어 자연광으로 키운다. 천창을 개폐식으로 만듦으로써 통풍 환경도 확보했다. 계단에서는 식물이 손에 닿기 때문에 가까이에서 유지 및 관리를 할 수 있는 실내 정원이다.

오기노 도시야荻野寿也
경관설계 신사옥(오사카)

설계: 오기노 도시야
경관설계/오기노 쇼타
시공: 나카세 철공건설
대지 면적: 1087.54㎡
건축 면적: 93.60㎡

「숲의 거처」는 반지하에 있는 진입로를 통해 현관에 도착한다. 진입로를 걸으며 실내를 올려다 볼 수 있고 사진처럼 개폐식 문이 열려 있으면 실내와 연결되므로 대화도 나눌 수 있다.

숲의 거처(히로시마현)
설계: UID/마에다 게스케
시공: 훔
대지 면적: 362.00㎡
건축 면적: 89.25㎡

67. 정원을 물들이는 꽃들

가끔은 깜짝 놀랄 만큼 강렬한 색상의 꽃을 사용하는 경우가 있다. 사카모토 아키라坂本昭·설계공방 CASA에서 설계한 참깨 요리 전문점「세사미世沙弥」에는 통로 끝에 분홍색 눈철쭉을 배치했다. 또한 마에다 게스케 씨가 설계한「군봉의 숲」의 진입로에는 무도철쭉을 군집 식재했다.

수형을 조절하기 쉽고 관리도 용이해서 철쭉을 자주 사용하는 편이다. 철쭉은 굳이 깎아 다듬지 않고 자연 수형으로 사용한다. 그렇게 하면 꽃이 과도하게 달리지 않아서 푸른 잎 속에 선명한 색깔의 꽃이 부각되며 돋보이게 된다. 적당한 양의 꽃으로 기분 좋게 느껴지게 하는 연출이다.

철쭉 이외에도 만병초나 애기동백나무, 초본류 중에는 수선화나 대상화 같은 동양적인 분위기의 식물부터 아가펀서스나 원추리 같은 서양적인 분위기의 식물까지 배치해간다. 계절이 돌아와 형형색색의 꽃이 만발하는 모습을 바라만 보고 있어도 생기가 돌면서 기분이 좋아진다.

군봉의 숲(오사카)

설계: UID/마에다 게스케
시공: 마코도 건설
대지 면적: 2107.88㎡
건축 면적: 611.51㎡

식물의 색깔을 덧입힌다

마에다 게스케 씨가 설계한 「CASA II 음색」은 빨간색, 노란색, 파란색, 보라색 등 다채로운 색상의 벽 층 중간에 녹음(식재) 층이 사이사이 끼어있는 흥미로운 주택이다. 일본의 왕조시대 색채에서 착안했다고 하는 이 벽의 색상에 맞춰서 가장자리 식재에는 형형색색의 꽃을 배치했다. 봄이 되면 벽이 꽃 색깔로 일제히 물든 것처럼 보이는 것도 재미있는 현상이다. 가구나 내장도 색채가 풍부하여 재치가 넘친다. 식재와 색채의 합동 공연은 지금까지 없던 화려한 분위기를 일상에 선사할 것이다.

CASA II 음색(나라현)

설계: UID/마에다 게스케
시공: 소켄
대지 면적: 353.33㎡
건축 면적: 168.72㎡

겹겹이 층을 이루는 벽에 높이가 각각 다른 수목을 식재함으로써 부드러운 율동감을 더해주었다.

남쪽 외부 모습. 도로면과 1m의 높낮이 차이가 있어서 기존 석단을 남겨놓고 건축되었다.

비덴스
라넌큘러스 피카리아
털머위
아프리카 데이지

에키나시아
국화쥐손이

수레국화
제라늄
중국붓꽃
브라키코메
이리스 웅귀쿨라리스

중정에는 한정된 일조 환경에서도 키울 수 있는 사철검은재나무, 새덕이, 일본담팔수 등을 배치함과 동시에 자그마한 물줄기를 만들었다(114쪽 게재). 화려한 색채 중앙에 햇살이 내리비치는 신성한 숲의 일부가 남아 있는 것처럼 연출했다. 또한 이 주택은 모든 층(방)을 가로지르듯이 초록빛 식물이 연결되어 있다. 그것이 삶에 안락함과 윤택함을 부여하고 있는 것도 식물 활용이 능숙한 마에다 씨만이 가능한 설계인 것 같다.

진입로도 현관문이 철저히 보이지 않게 하고 시선 끝에 녹음이 보이게 하는 정교한 설계. 외관도 가장자리의 단면 노출을 최소화하여 시야에 들어오는 흙 면적을 넓혔다.

두 세대가 거주하는 주택은 커다란 하나의 공간을 10개의 벽으로 9개의 영역을 만들고, 중정으로 부모 세대와 자녀 세대의 구역이 분리되어 있다. 각각 간격이 다른 벽면에는 색을 입혀 공간에 변화를 주었을 뿐 아니라, 그 위에 햇살과 식물과 수면의 빛 등이 어우러지면서 계절 또는 시간에 따라 다른 '고운 빛깔'을 일상생활에 선사한다.

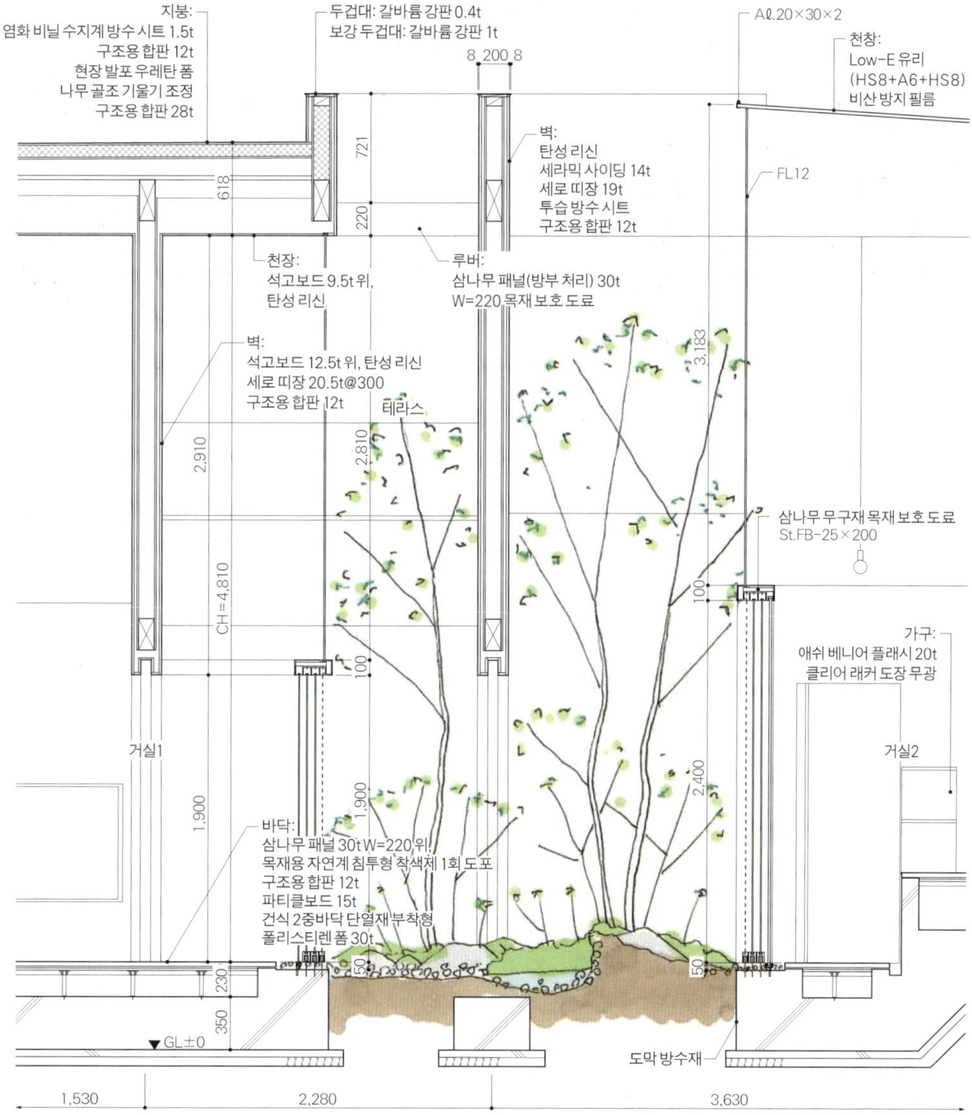

중정 단면 상세도 S = 1:50

도면 제공: UID

Chapter 4 정원을 장식하는 연출과 디테일

집과 정원과 일상생활이 어우러져
풍요로운 시간을 연주한다.

68-85
RECIPES
OF
TOSHIYA OGINO

5

정원 조성하기와 손질 및 관리법

육아나 생물을 키우는 것과 마찬가지로 정원은 손질을 하지 않고 유지할 수는 없다. 꽃나무에 물을 주어야 하고, 잡초가 자라면 뽑아주어야 한다. 그것이 식물과 소통하는 첫 단계다. 직접 손질을 하면서 교감을 나누며 성장하는 것을 바라보고 있으면 식물의 개성과 상태를 알게 된다. 그리고 어느새 즐겁다는 생각이 들게 될 것이다.

68. 잡목 정원과 수목 선택 방법

그 지역의 식생과 기후에 맞고 관리도 비교적 용이한 잡목 정원을 주로 제안하는 편이다. 그것이 거리에 자연을 되찾아주고, 한층 더 매력적인 집으로 만들어줄 것이다. 잡목 정원을 조성하기 위해서는 1장과 2장에서 말한 바와 같이 건축과의 균형을 중시하며 어떤 수형의 나무를 배치할 것인지를 생각한다. 정원을 조성할 때는 재료가 생명이다. 아름다운 수형을 이루도록 세심한 주의를 기울여야 한다. 수목을 선택할 때의 포인트는 다음과 같다.

① 수형이 좋은 것
② 가지 끝이 부드러운 것
③ 수피*
④ 수고와 수관 폭* 등의 규모
⑤ 뿌리분* 크기
⑥ 꽃의 색상 및 개화 기간
⑦ 현장 환경에 맞는 수종
⑧ 나무의 건강 상태
⑨ 생산지 및 생육 환경
⑩ 생장 방법, 손질 및 관리 방법

특히 ⑨의 수목이 어떤 환경에서 자랐는지는 매우 중요하다. 햇볕에 약한 수종이라도 서향 햇빛을 받으며 자라고 있다면 어느 정도 적응할 수 있다. 나도 생산 농

가에 햇볕에 강한 단풍나무를 의뢰할 때가 있다. 반대로 그늘에서 자란 나무가 갑자기 햇볕을 쬐면 말라죽고 마는 경우도 있다.

나무와 나무는 근접 식재를 해도 되지만, 상응성이 좋고 나쁜 것이 있다. 나무의 상응성은 물이나 비료가 필요한 것과 그렇지 않은 것을 구분하여 생각하면 된다. 예를 들어 적송과 동청목이 함께 자라는 경우가 흔하다. 이 두 종류는 척박한 토양에서도 잘 자라고, 다소 건조한 토양을 좋아하므로 상응성이 좋다. 반대로 졸참나무나 벚나무처럼 옛날부터 마을에서 많이 보던 나무는 비옥하고 습기가 있는 토양을 좋아하므로 함께 심어도 된다. 물이나 비료가 필요한 것과 그렇지 않은 것을 가까이 심는 것은 가능한 피하도록 하자.

- 수피: 나무줄기의 코르크 형성층보다 바깥 조직.
- 수관 폭: 나무의 가지와 잎이 달린 부분을 수관이라 하며, 수관 폭은 수관의 직경을 말한다.
- 뿌리분: 나무를 이식하기 위해 뿌리에 흙이 붙은 상태로 굴취한 반구형의 뿌리 덩어리.

겨울에 눈이 쌓여 가지가 부러져도 그 자체가 자연적인 모습. 눈의 무게를 지탱하기 위해 지지대를 굳이 설치하지 않아도 된다고 생각한다. 사진은 오른쪽부터 산딸나무, 오모수, 일본쇠물푸레나무.

① 시볼드 당단풍(도치기현)
② 팥배나무(아오모리현)
③ 단풍철쭉(오사카부)
④ 새덕이(가고시마현)
⑤ 일본쇠물푸레나무(군마현)
⑥ 캠퍼철쭉(효고현)
⑦ 미르타케아 노린재나무(가고시마현)
⑧ 산딸나무(도치기현)
⑨ 산단풍나무(아키타현)

미쓰이가든호텔 교토신마치 별장의 중정. 일본의 옛 풍경을 재현했다. 일본의 도호쿠 지방에서 규슈 지방까지 여러 지역의 수목을 사용하여 자연의 모습 그대로 식재했다. 야경 사진은 106쪽에 실었다.

69. 생산 농가와 재료 찾기

가능한 실제로 식재할 환경(빛, 흙, 바람, 물, 기후)과 가까운 상태의 산이나 농원에서 자란 수목을 선정한다.
오키나와현의 이레이 사토시 씨가 설계한 「두레의 집」에서는 현지 생산 농가를 돌며 오키나와의 식물을 구했다. 아름다운 자태의 아레카야자를 주목으로 심고, 태풍에 견딜 수 있는 헬리오트로피움 페르테리아눔과 꽃향기가 좋은 플루메리아를 진입로에, 이국적인 분위기에 줄기의 무늬도 개성적인 키아테아 레피페라는 중정에 심었다.

전국 각지에 있는 생산 농가의 농원까지 직접 찾아가 수목을 구한다. 생산 농가에게 이런 것이 좋으냐는 말을 들을 법한, 농장 한구석에 남겨진 수목을 발견할 때는 보물을 찾아낸 기분이다. 생산 농가에서는 조경사가 원하는 것을 간과하는 경우도 적지 않다. 찾아낸 재료는 그 자리에서 구입할 수도 있지만, 그 지역의 산업이 쇠퇴하지 않게 하기 위해서라도 반드시 중개업자에게 소개를 받은 다음 구입한다.

일본 오사카에는 일본 내에서도 유명한 생산 농가와 정원수 판매업자가 매우 많다. 정원 조성 작업은 그런 이들이 지지해 주고 있다고 해도 과언이 아닐 것이다. 때로는 수목 생산농가 이외에도 초화류나 흥미로운 식물을 구하기 위해 현지에서 재료를 찾아 나선다. 요즘은 도로 휴게소에서 굴취해낸 것을 발견해낼 때도 있다(웃음).

Chapter 5 정원 조성하기와 손질 및 관리법

70. 지피식물로 완숙미를 연출한다

더욱 자연에 가까운 모습을 재현하기 위해 어느 정도 키가 높은 나무를 선정한다는 것은 이미 말한 바 있다. 그와 더불어 중요하게 여기는 것은 하부 녹화 소재인 지피식물이다. 지피식물을 꼼꼼히 구성하여 정원에 '완숙미'가 느껴지도록 한다.

이끼가 낀 자연의 모습이 될 때까지 수십 년씩 기다릴 수도 없기 때문에 처음부터 완성도 높은 정원을 조성하면 공개했을 때 모두가 "우와, 멋있다!"라고 감탄하며 좋아한다. 그 모습을 보는 것이 좋다(웃음).

지피식물은 종류가 매우 다양하다. 형식에 얽매이지 말고 좋아하는 식물들을 심어나가면 된다고 생각한다. 다만, 나무와 마찬가지로 초화류에도 햇볕을 좋아하는 것과 그렇지 않은 것, 생장 속도가 빠른 것과 느린 것 등 차이가 있으므로 식생을 조사하여 생장 속도에 따라 가까이 또는 멀리 심는 등 식재 간격을 조정하도록 한다.

① 크리핑타임
② 서리이끼
③ 비덴스 '골드더스트'
④ 브라키스코메 앙구스티폴리아

① 조릿대
② 서리이끼

❶ 지반면은 평탄하게 조성하지 말고, 완만한 높낮이가 있는 석가산을 만들면 더욱 자연의 모습에 가까워진다. 조경석을 묻으면 흙막이 역할을 하고 배수성도 좋아진다.

↓

❷ 관목은 소교목의 줄기 라인을 따라 잎 표면이 앞을 향하도록 심는다. 주로 둥근잎다정큼을 사용한다. 적당한 크기의 자연 수형을 유지하는 상록수이며, 하부에 안정적인 녹음을 조성할 수 있다.

↓

❸ 석가산의 높은 곳에는 크리스마스 로즈 등 양감이 있는 꽃을 강조점으로 심거나, 맥문동이나 풀고사리 등 위로 솟는 풀 종류를 심는다. 낮은 곳에는 수호초나 자금우, 크리핑타임 등 녹화의 밑바탕이 될 분화류의 지피식물을 심는다.

↓

❹ 하부 식물이나 조경석 주변에 이끼를 심는다. 양지에 강한 서리이끼, 음지에 강한 털깃털이끼 등이 있으며, 반그늘의 중정 등에는 두 종류를 혼합한다.

↓

❺ 마지막으로 나머지 지표면을 멀칭용 바크 또는 부엽토로 덮어주면 식재 공간이 완성된다. 산속에 낙엽이 쌓여 있는 듯한 분위기를 자아낸다. 이런 지표면 보호재는 보온, 보습, 잡초 예방, 서리, 비에 의한 토사 유출 방지 등 다양한 효과가 있다.

① 원추리
② 아주가
③ 자란
④ 바위취
⑤ 월계분꽃나무
⑥ 무스카리
⑦ 자금우
⑧ 눈철쭉

71. 뿌리분 크기에 주의한다

뿌리분(나무를 굴취했을 때의 뿌리를 포함한 흙덩어리)은 상상 이상으로 크고 깊다. 이것을 모르는 설계사가 좁은 범위에서 식재를 해달라고 무리한 부탁을 하는 경우가 있다. 예를 들어 L자형이나 T자형 옹벽의 굴절 상태에 따라 뿌리분이 들어가지 않기도 하고, 기초 저반이 있어서 창문 옆에 나무를 심지 못하는 등의 경우도 적지 않다. 가능한 현장에 가기 전에 사무실 대지에 실물 크기의 정원 도면을 그려놓고 실제로 뿌리분을 놓아본다.

뿌리분은 수종이나 수간의 굵기에 따라 다르기도 하지만, 대략적인 기준은 있다. 예를 들면 5m 높이의 나무 한 그루면 깊이 60㎝×폭 70㎝ 정도다. 동일한 높이라도 수간의 굵기에 비례해 뿌리분이 커지지만, 주립형(밑동에서 다수의 줄기가 올라온 상태)의 줄기 수에 비례해 커지기도 한다. 1m 정도 관목의 경우는 깊이 20㎝×폭 20㎝ 정도의 크기다. 여기에 더해 뿌리가 성장해나갈 여백이 있으면 식물을 심을 수 있다. 공간이 작다는 이유만으로 식재를 포기하지 않았으면 한다.

뿌리분의 크기를 가늠할 수 있으면 수목을 심고 싶은 위치에 어느 정도의 공간을 확보해 두면 좋을지 알게 된다.

뿌리분의 크기는 굴취 시기나 수종을 고려해 조금 작게 만들 수도 있다. 그 점은 현장에 맞춰 조경사와 상의하도록 한다.

뿌리분의 크기는 상상외로 크기 때문에 심고 싶은 수목이 있는 경우에는 미리 크기를 알아두도록 한다.

현장 토양의 상태를 확인한 후 펄라이트나 네니산소, 숯 등의 토양 개량제를 넣어 식물이 생육하기 좋은 환경을 갖춘다.

72. 토양 개량으로 나무를 건강하게 키운다

정원은 배수가 중요하다. 정원 조성을 할 때 무엇보다도 최우선으로 생각해야 할 사항이라고 할 수도 있다. 배수가 불량하여 토양에 물이 고이면 뿌리에 악영향을 미치는 미생물이 증식하고 만다. 그러면 나무를 건강하게 키우기 어렵다.

일본 간사이 지역의 마사토는 개량재를 넣지 않으면 딱딱하게 굳어버린다. 흙이 굳어버리면 뿌리에 산소 공급이 어려워져 잘 생장하지 않는다. 따라서 토양 개량 작업은 반드시 해야 한다. 갑자기 다른 토양이나 환경에 식물을 가져가는 것이니 적어도 적절한 토양 조건은 갖춰주었으면 한다.

이때 사용하는 것은 펄라이트나 네니산소*, 숯, 바크, 피트모스 등이다. 흙 상태에 따라 적절히 사용한다. 기본적으로는 그 토지의 흙을 사용한다.

73. 경관을 해치지 않는 매몰형 지주

교목은 활착될 때까지 쓰러질 위험성이 있으므로 지주를 덧대주어야 한다. 일반적으로는 지상에 이각지주를 세운다. 공원이나 공공시설 등의 식재에는 반드시 설치한다.

그러나 이러한 공작물이 남게 되면 자연의 모습을 잃게 되므로 말뚝을 지하에 묻는 방법을 사용하고 있다. 수목 뿌리분의 바깥쪽 둘레에 나무 말뚝을 여러 개 박고 서로 줄로 결속하여 뿌리분을 고정시킨다. 교목이나 뿌리분이 작은 나무에는 이 매몰형 지주를 덧댄다.

매몰형 지주는 철제도 있는데, 경우에 따라서는 수목보다 고가일 때도 있다. 그런 비용을 가능한 줄이고 싶어 직접 생각해낸 것이다.

중정은 바람에 직접적으로 노출되지 않아 쓰러질 위험성이 적으므로 매몰형 지주를 덧대지 않을 때도 있다. 나무는 흔들리면 스스로 지탱하기 위해 뿌리를 내린다. 따라서 원래는 약간 흔들리는 정도가 좋은 것이다.

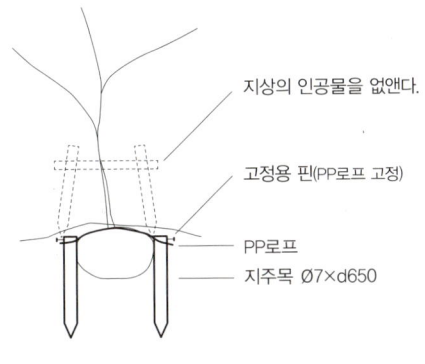

- 지상의 인공물을 없앤다.
- 고정용 핀(PP로프 고정)
- PP로프
- 지주목 Ø7×d650

매몰형 지주를 타설할 때 땅 속 배관이 파손되지 않도록 주의한다.

최근에는 건축 공사를 할 때 재생 쇄석으로 구덩이를 되메워버리는 경우가 많다. 이것은 콘크리트 타설을 전제로 한 것이며, 정원 조성을 상정하지 않은 경우인 것 같다. 재생 쇄석은 알칼리 성분이 강하여 뿌리 성장을 저해하므로 그럴 때는 흙을 살짝 바꿔 넣는다. 땅을 보면 알 수 있으므로 가능한 사전에 다른 흙으로 메워달라고 부탁해놓는다.

- 네니산소: 수분과 공기의 균형을 조절해주는 토양 개량용 펄라이트 제품.

74. 정원 조성 비용

건물을 짓고 남은 비용으로 만들려고 했더니 정원에 들일 수 있는 돈이 거의 남지 않았다고 하는 경우가 대부분이다. 그렇게 하지 말고 처음부터 정원이나 외관에 드는 비용을 생각해두었으면 한다. 정원이나 외관은 건물과 마찬가지로 주택에서 중요한 요소다. 그 조성 방법에 따라 생활 방식, 삶의 방식도 현격히 달라진다고 해도 과언이 아닐 것이다. 예를 들면 간이 차고에 쓸 예산을 녹화 비용으로 쓴다. 장소가 좁아도 주차장과 건물 사이에 식물을 배치할 수 있다. 그것만으로도 건물 분위기가 전혀 달라진다. 녹화 효과는 그만큼 크다.

건물을 조금 작게 짓고 장소와 비용을 정원을 위해 남겨두기도 한다. 그런 식으로 집을 짓는 사람들이 많아졌으면 하는 바람이다.

75. 거주자, 이웃, 설계사, 시공 업체 관계자가 참여하는 정원 만들기

요청이 있으면 가족과 설계사, 시공 업체 관계자 등 모두가 참여하는 정원 만들기 워크숍을 연다. 포트에 있는 묘목도 직접 심어본 적이 없는 사람이 많다. 반나절 또는 하루를 함께 보내며 식물 심는 법, 물 주는 법을 가르치고, 어느 정도의 정원 관리는 직접 하도록 당부할 때가 많다.

이때 어린 자녀도 되도록 참여하게 한다. 요즘은 의외로 지저분해지는 것을 부모가 싫어하는 것 같은데, 어린아이들은 흙을 만지는 것을 좋아한다. 흙을 만지는 것, 식물을 심는다는 것은 감성을 매우 풍부해지게 한다. 초등학생 시절, 학교에서 각자 자신의 나팔꽃을 키워보지 않았는가. 그것은 무언가를 보살펴주고 싶다는 본능을 일깨워주는 감성 교육이라고 생각한다. 그것을 자신의 집에서 계속해 나갈 수 있게 되는 셈이다.

정원이 완성되면 식재한 수목 리스트와 워크숍 사진을 앨범처럼 한 권의 파일로 만들어서 건네준다. 아이가 식재하는 모습도 있어서 좋은 추억이 될 것 같다고들 한다. 10년 후, 20년 후에 '아, 내가 이렇게 작았구나.' '나무도 이렇게 가늘었네'라며 그때를 회상하게 될 것이다. 아이의 성장과 함께 수목도 성장해간다는 것은 상당히 의미 있는 일인 것 같다.

집짓기에 관여한 사람들이 모두 함께 정원을 조성하면서 하나의 집이 완성된다. 마지막으로 다함께 박수 같은 것도 치면서 말이다. 그러면 이후의 의사소통도 매우 기분 좋게 이루어진다.

건축주와 시공 업체 관계자들과 함께 정원 조성 공사. 점심은 최고로 맛있는 야외 식사!

정원 만들기를 할 때는 아이들도 참여하게 한다. 앞으로 함께 자라나갈 가족과 함께 꽃을 심으면 새로운 가족의 일원으로서 정원을 맞이할 수 있게 된다. 설계사나 시공 업체 관계자들도 정원 만들기에 참여하면 식물과 더욱 친숙해지게 되고, 끝날 즈음에는 정원 만들기를 더 하고 싶다는 생각이 든다고 한다.

76. 손질한다는 것은 키운다는 것이다

정원이 출세의 상징이던 시대에는 소나무 같은 것으로 꾸민 정원이 주류였기 때문에 전속 정원사에게 정기적으로 전정을 맡겨야 해서 막대한 유지비가 들었다. 그 때문에 언제부터인가 '정원은 관리하기가 힘들다'는 말이 나오게 되었다. 이 책에 소개된 잡목 정원은 인공적인 형태로 꾸미는 것이 아니어서 막대한 비용을 들이지 않고도 유지할 수 있고, 스스로 직접 할 수 있는 것도 많으므로 초화류 솎아내기나 시든 꽃 따기, 수목의 간단한 가지치기 등을 정원에서 누릴 수 있는 즐거움의 하나로 여겨주었으면 좋겠다.

일상적인 손질과는 별도로 조경사가 직접 가서 유지 관리를 하는 경우도 있다. 나는 계절별로 1년에 1~4회 방문한다. 봄에는 병충해 예방, 여름 전에는 지피식물 정비와 일부 전정, 병충해 구제, 가을에는 주로 전정을 하러 간다. 전정은 한꺼번에 하는 것이 아니라 여러 차례에 나눠서 전정이 필요한 수종에만 하는 것이 좋다. 또한 잡목 정원도 15년, 20년이 지나면 자리가 잡혀서 완숙미의 극치를 보여주는 시기를 맞이하게 되는데, 한편으로는 수목 교체나 지피식물 정비 등 정원의 재정비를 고려해야 할 시기이기도 하다. 부담스러워하지 말고 조경사와 상의해 보도록 하자.

❶~❷. 자택을 신축할 때는 가든 디자이너에게 의뢰하여 서양식으로 조성했다. 6년 후 코니퍼의 일종인 레일란디 측백이 7m까지 자라서 손질하기가 힘들다는 것을 실감했다. 또한, 상록수인 떡갈나무가 자랄수록 그늘이 많이 생겨 잔디가 자라지 않는다는 것도 알게 되었다.
❸~❺. 다양한 꽃이 피는 화려한 정원이었는데, 잔디밭의 경계석과 계단 같은 것을 더욱 자연의 모습에 가까워지게 하기 위해 건축한 지 15년 되는 해에 정원을 재정비했다.
❻. 현재 정원에는 온갖 식물이 식재되어 있어 키우는 방법이나 관리 방법 등을 관찰하는, 이른바 실험장이 되었다.

일상적인 손질도
정원을 즐기는 방법 중 하나

[전정]
1년차: 식재 공사 때 이미 전정되어 있고, 이식 직후에는 생장 속도가 느리므로 전정은 거의 필요 없다. 눈에 띄게 생장 속도가 빠른 것만 전정한다.
2~5년차: 한꺼번에 많은 가지를 잘라내면 수형이 흐트러지므로 2~3회에 나눠 적절한 시기에 전정한다. 가지와 잎은 솎아내어 생장 속도를 조절하고 일조, 통풍 환경을 개선하여 식물을 건강하게 유지한다.
5년차 이후: 5년차 전후부터 식물이 토지에 적응하여 생장력이 좋아지는 경우가 많다. 한꺼번에 가지치기를 많이 하면 수형이 흐트러지므로 2~3회에 걸쳐서 적절한 시기에 전정한다. 경우에 따라서는 굵은 가지나 포기째 솎아내는 전정이 필요하다.

[지피식물 정비]
1년차: 눈에 띄게 생장 속도가 빠른 것을 전정하고, 시든 꽃이나 말라죽은 잎 따주기 등을 한다.
2년차 이후: 말라죽은 잎을 제거하여 외관도 아름답게 유지한다. 지나치게 뻗어 나갔거나 증식한 지피식물은 솎아내기나 포기나누기를 하여 무름병이 생기지 않도록 한다.

[시비]
1년차: 식재 공사 때 토양 개량을 했다면 필요 없다.
2년차 이후: 주로 겨울부터 봄에 식물의 생장 상태에 맞춰 시비한다. 겨울에는 깻묵 등 지효성 비료를 준다. 뿌리가 활동을 시작하는 봄에는 액체 비료를 준다.

[약제 살포]
살충제, 살균제, 무농약 액을 상황에 맞춰 살포한다.

1년차 연간 일정

손질 내용	1월	2월	3월	4월	5월	6월	7월	8월	9월	10월	11월	12월	총 횟수
전정										■	■		1/년
지피식물 정비							■	■		■	■		2/년
시비													/년
약제 살포					■	■		■					2~3/년

2~10년차 연간 일정

손질 내용	1월	2월	3월	4월	5월	6월	7월	8월	9월	10월	11월	12월	총 횟수
전정				■	■	■	■	■	■				3/년
지피식물 정비				■	■	■	■	■	■	■	■		3/년
시비			■	■	■								1~2/년
약제 살포				■	■	■	■	■	■				2~3/년

77. 관수 요령

일상적인 손질에는 관수가 있다. 관수는 육아와 비슷하다. 지나치게 혹독해도 지나치게 방치해도 안 된다. 어느 정도 방치해 두었다가 건조해졌을 때 물을 듬뿍 주는 것이 더 강하게 자란다. 식물별 성질과 계절별 건조 상태에 맞춰 관수하는 것이 중요하다.

수목은 이식 이후가 중요하다

이식 후 1년 동안, 특히 이듬해 여름까지는 관수를 충분히 하도록 한다. 여름에는 아침, 저녁 시원한 시간대에 하고, 겨울에는 한낮의 따뜻한 시간대에 한다.

이식 직후에는 옆으로 뿌리가 뻗지 않았기 때문에 넓은 범위에서 물을 흡수할 수 없으므로 뿌리의 아래쪽까지 물이 들어간다고 생각하고 밑동 부근에 물을 준다. 적은 양을 조금씩 주는 것이 아니라, 어느 정도 간격을 두고 한 번에 듬뿍 주는 것이 관수의 요령이다. 양이 적으면 흙 속 깊은 곳까지 물이 도달하지 못하므로 뿌리가 지표면 근처로 모여서 건조에 약해지게 된다. 또한 항상 물이 고여 있는 상태는 토양 속에 악영향을 끼치는 균이 증식하여 뿌리가 썩는 근부병의 원인이 된다.

밑동 이외에도 잎에 물을 뿌려주면 식물이 좋아한다. 잎으로도 수분을 흡수하므로 증산 방지 효과가 있다. 특히 처마 밑이나 실내 식물에는 정기적으로 관수를 해주면 좋다.

새순이 나오는 초봄에 식물은 물을 필요로 한다. 3~4월은 관수를 충분히 해주도록 한다. 여름철에는 호수에 남아 있는 물 온도에 주의해야 한다. 뜨거워진 물을 뿌리면 쇠약해져버린다. 여름을 잘 넘기면 안정적으로 성장하여 빗물로 어느 정도 유지할 수 있게 된다.

지피식물은 토양 상태를 보면서

기본적으로는 표면의 토양이 건조해지면 물을 준다. 수목보다 관수 빈도는 잦지만, 다소 건조한 상태로 두는 것이 식물이 더 강하게 자란다. 지나치게 물을 많이 주면 수목과 마찬가지로 근부병으로 말라죽는 경우가 있으므로 주의하도록 한다. 식물은 종류에 따라 건조한 상태를 좋아하는 것과 습기가 있는 것을 좋아하는 것이 있으므로 생태에 맞춰서 관수한다.

자동 살수를 이용한다

정원이 넓거나 외출이 잦아서 관수를 정기적으로 할 수 없는 경우에는 자동 살수 장치를 권한다. 일반적으로 수송관이 지표면에 있는 것과 땅속에 매설하는 방식이 있는데, 미관상으로도 내구성 측면에서도 매설형이 좋은 것 같다. 매설형은 조경 공사를 할 때 함께 설치한다. 정원이 완성된 후에는 땅을 다시 파야 하므로 번거로워진다.

조작은 자동조절기로 한다. 자동조절기는 30㎝ 정도의 박스형이며, 외벽 부착형으로 설치하는 경우가 많다. 계절별로 살수량을 설정해 놓으면 자동으로 관수를 해준다. 균일하게 관수를 할 수 있으므로 특히 잔디 정원에 좋다. 처마 밑이나 실내 등 살수 호스로 미처 관수를 할 수 없는 곳에도 적합하다. 특히 바쁜 사람들은 거르지 않고 관수를 할 수 있으므로 편리할 것이다. 하지만 직접 관수를 하면 정원의 상태를 관찰할 수 있어서 장점도 많다.

스프링클러로 자동 살수를 하는 모습. 골프장 관리에서 힌트를 얻어 조경에 도입했다. 평상시에는 땅속에 묻혀 있다가 살수할 때는 수압에 의해 튀어 올라와 물을 뿌린다.

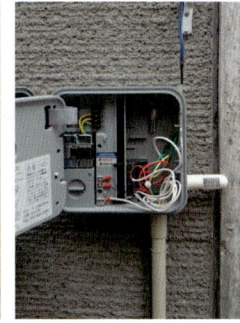

[자동 살수 배관 상태]
급수관 본관에 지수 밸브를 설치하고 HI-VP관을 연결한다. 그 다음 퍼니 파이프라고 하는 가요성이 있는 관으로 분지하여 끝부분에 스프링클러를 연결한다.

[자동조절기 설치]
실외기 등과 함께 가능한 눈에 띄지 않는 위치에 설치한다. 정원이 잘 보이는 위치에 설치하면 조작과 살수 상황을 파악하기 쉽다.

[레인 센서]
우천 시의 살수 자동 정지를 제어하는 센서. 빗물이 떨어지는 위치에 설치해야 한다 (처마 밑 등은 불가).

[프리즈 센서]
급수관이 동결될 우려가 있을 경우(약 3℃ 이하)에 살수 자동 정지를 제어하는 센서.

[전자 밸브 및 전자 밸브 박스]
자동조절기에서 신호를 받아 밸브를 개폐하는 전자 밸브. 지수 밸브와 가까운 위치에 설치하면 관리가 용이하다.

[지수 밸브]
자동 살수의 본 밸브. 전자 밸브에 문제가 발생했을 때 이 밸브를 잠그면 물이 나오지 않는다.

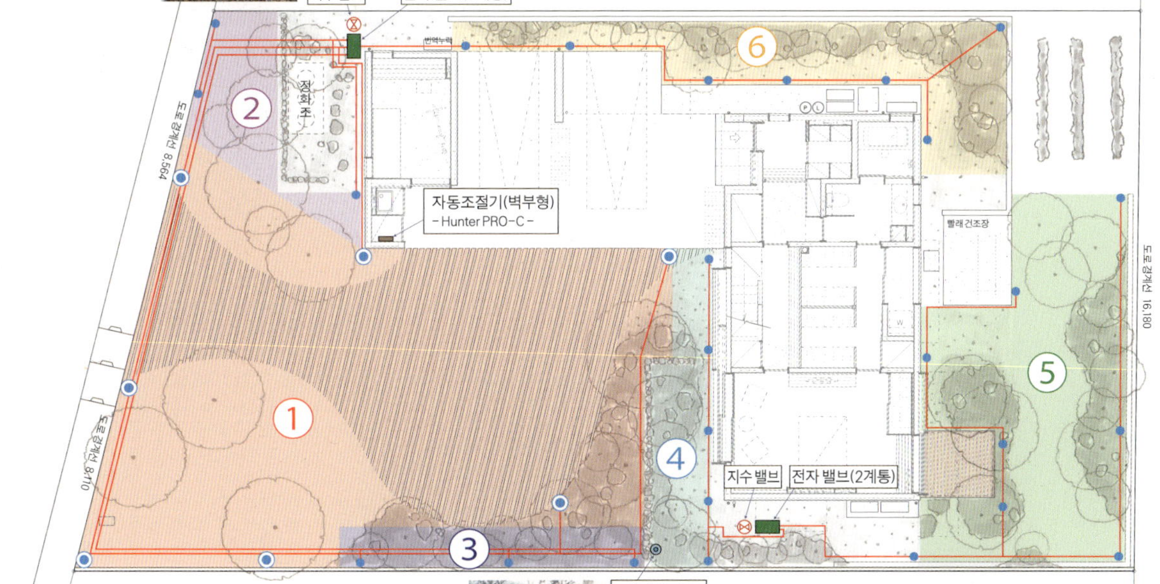

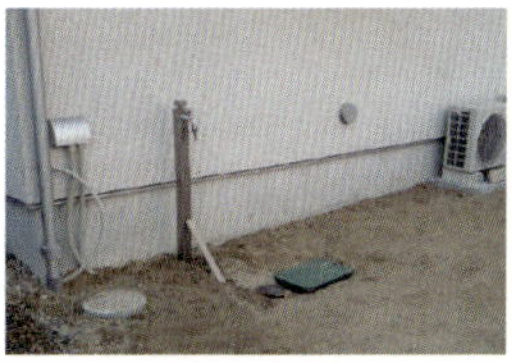

「비와호 호반의 집」의 자동 살수 도면. 100평이나 되는 면적에는 자동 살수가 필수. 특히 잔디 정원은 자동 살수 시설이 있으면 고르게 물을 줄 수 있으므로 추천한다. 관수 시기와 소요 시간을 설정할 수 있고, 비가 내려도 레인 센서가 반응하므로 지나치게 물을 주는 경우도 없다.

①~⑥ 자동 살수 계통 번호. 번호순으로 물이 흘러 구역별로 살수가 진행된다.

78. 지피식물 손질하기

지피식물은 기본적으로 수목보다 생장 속도가 빠르므로 잦은 관리가 필요하다. 한꺼번에 많이 해야 하는 것은 아니며, 매일 손질해주면 아름다운 상태를 유지할 수 있다.

화초는 성장하면 밀생한다. 빽빽하게 자란 것, 지나치게 자란 것을 솎아나간다. 솎아내야 하는 것과 깎아 다듬어야 하는 것이 있다. 위로 자라는 종류(거의 이런 종류이지만)는 솎아내어 준다. 타임 등 융단 형태로 옆으로 뻗어 나가는 종류는 깎아 다듬는 경우가 많다.

밀생하여 바람이 잘 통하지 않게 되면 병이 발생하기 쉽다. 특히 장마철에는 병이 발생하기 쉬우므로 장마 전에 지피식물을 정돈해주면 좋다. 또한 초화류에는 일년초와 숙근초가 있다. 일년초는 종자로만 번식하므로 식재한 것은 그해에 말라죽고 없어진다. 숙근초는 지상부가 겨울에 말라죽어도 뿌리가 남아 있으면 다시 봄에 싹을 틔운다. 월동하지 않는 종류의 숙근초와 일년초는 가을에는 지상부가 말라가므로 마른 잎을 제거해준다.

개화가 끝난 꽃은 시든 꽃을 제거하고 꽃대를 잘라준다. 종류에 따라 다르지만, 꽃이 진 후에 꼼꼼히 꽃대를 잘라주면 이듬해에 꽃이 많이 달린다. 여유가 있으면 계절별로 꽃을 직접 교체해주면 즐거움이 배가된다. 일년초 중심으로 골라서 말라죽으면 다시 교체해주면 큰 실수 없이 꽃이 있는 정원을 만들 수 있다.

타임(좌)와 디콘드라(우)를 전정

• BEFORE • → • AFTER •

옆으로 뻗어 나간 타임(융단 형태 지피식물)을 전정한다.

• BEFORE • → • AFTER •

지나치게 증식한 풀고사리나 상록등글레를 솎아낸다.

79. 이끼 손질하기

이끼는 낙엽이 쌓이면 해가 들지 않아 말라죽어버린다. 자루가 짧은 부드러운 빗자루 같은 것을 사용하여 쓸어내도록 하자. 초봄에 새가 둥지 재료로 가져가기 위해 쪼아서 헤집어 놓는 경우가 종종 있다. 이끼는 몸 전체로 수분을 흡수하는데 뿌리는 없고 헛뿌리라고 하는 것이 나와 지표면에 달라붙어 있을 뿐이므로 만일 벗겨졌다면 다시 붙여 놓으면 된다. 그럴 경우에는 물을 뿌린 다음 꼼꼼히 지면에 눌러 붙여주면 활착이 잘 된다. 활착될 때까지는 종종 두드려서 안착시켜주면 좋다. 발로 가볍게 밟아주기만 해도 충분하다. 솔이끼처럼 높게 자라는 것은 깎아 다듬는 관리 방법도 있다.

낙엽 아래는 해가 들지 않아서 말라죽게 되므로 수시로 제거해준다.

80. 낙엽 청소

길가에서 낙엽을 쓸고 있는 사람을 보면 상쾌하고 기분 좋은 풍경이라는 생각이 든다. 청소는 힘들지만 그 부지런한 모습과 생활 습관이 중요하다고 생각한다. 낙엽 청소는 잔디밭 위, 이끼 위, 자갈 부분을 중심으로 한다. 잔디와 이끼는 낙엽이 쌓이면 해가 들지 않아서 말라죽어버리기 때문이다.

화초가 자란 부분에는 낙엽이 쌓여 있어도 괜찮다. 자연 산림 환경에서는 지렁이처럼 토양 생물이나 토양 미생물이 낙엽을 분해하여 토양이 비옥해지기 때문이다. 다만, 소나무류는 양분이 없는 토양을 좋아하므로 소나무 하부에는 낙엽이 쌓이지 않도록 한다.

낙엽은 퇴비함에 모아서 부엽토로 재이용해도 좋다. 특히 졸참나무 등 낙엽광엽수의 잎은 부엽토에 적합하다. 한 달에 한 번 정도 뒤섞어주면 균일하게 발효가 진행된다. 수분이 지나치게 많으면 부패해버리므로 빗물 가림막용으로 천막이나 덮개를 씌울 수 있는 곳에 놓아두는 것이 좋다.

낙엽수는 낙엽 청소가 힘들기 때문에 상록수로 식재해 달라는 말을 가끔 듣는다. 그러나 상록수도 잎이 떨어지지 않는 것이 아니고 낙엽이 진다. 양도 낙엽수와 다를 바 없다. 낙엽이 지는 시기는 각각 다른데, 예를 들어 동백나무 등 대부분의 상록광엽수 잎은 4월부터 6월 사이에 새잎이 나오기 시작하면 그것과 교체되며 묵은 잎이 떨어진다. 굴거리나무 등은 새잎이 난 후에 초여름 즈음 일제히 낙엽이 진다. 침엽수의 낙엽은 10월부터 12월 사이에 잎이 오래된 것부터 순차적으로 떨어진다. 청소 측면에서 보면 같은 시기에 떨어지는 낙엽수가 편할 수도 있다.

81. 병충해 대처법

식물과 떼려야 뗄 수 없는 것이 곤충과 병이다. 노랑쐐기나방이나 차독나방의 유충은 접촉하게 되면 통증이나 가려움 등을 유발하여 인체에 해를 끼치기도 한다. 그런 해충은 조기에 구제해야 하지만, 곤충은 해충만 있는 것은 아니다. 아름답게 생긴 나비나 방울벌레 소리는 운치를 더해준다. 꿀벌은 화분을 매개하여 식물의 수분을 도와 생태계를 유지시키고 있다. 그러므로 곤충이나 병이 발생해도 과민하게 대응하는 것은 금물이다. 식물에도 저항력이 있으므로 그런 것들에 의해 쇠약해지기는 해도 고사하는 일은 드물다. 인체에 해가 되지 않는다면 담담하게 지켜보는 것도 하나의 방법이다. 곤충이나 병에 대한 가장 좋은 대응 방법은 그것에 관해 아는 것이라고 생각한다. 여기에서는 해충 방제 방법에 대해 소개하도록 한다.

직접 처리한다

조기에 발견한 것은 직접 처리할 수 있는 경우도 있다. 곤충은 손으로 제거하는 것이 가장 빠르고 효과적이다. 진딧물 등은 분무 호스를 이용하여 씻어낸다. 잎에 물을 뿌리는 것만으로 피해를 막을 수 있는 것도 많다.

약제를 사용한다

약제를 사용할 경우에는 원예용품점이나 생활용품점 등에서 구입할 수 있지만, 대량으로 해충이나 병이 발생했을 때, 어떤 약제를 사용하면 되는지 잘 모를 때, 정원을 관리할 시간이 별로 없을 때는 전문가와 상담하는 것이 좋다.

약제에는 많은 종류가 있으나 기본적으로는 살충제, 살균제, 진딧물 살충제의 3종류다. 그 중에서도 예방제와 치료제로 나뉜다. 약제 살포의 기본은 예방제를 뿌려 곤충이나 병원체가 접근하지 못하도록 하는 것이다. 예방제로 곤충을 죽이고 병을 치료할 수는 없으나, 접근하지 않게 함으로써 발생하는 것을 예방한다. 치료제는 직접적으로 곤충을 죽이거나 병을 치료한다.

살충제는 그 이름대로 곤충을 구제하기 위해 사용한다. 살균제는 곰팡이나 세균류 등의 미생물을 구제하여 그로 인해 발생하는 병을 억제시킨다. 진딧물 살충제는 진딧물을 구제한다. 진딧물에는 일반적인 살충제나 살균제는 효과가 없으므로 진딧물에 특화된 성분을 살포한다. 곤충이나 병은 동일한 약을 계속 살포하면 내성이 생기므로 곤충이나 병에 대한 효과는 같은 것이라도 성분 계통이 다른 여러 종류를 번갈아 가며 사용한다.

약제 사용이 걱정될 경우

약제 사용이 걱정되는 사람들에게는 무기질계 약제 CellcoatAGRI(의약품으로 사용하는 안전한 아크릴계 성분으로 만들어졌다)나 손 소독액을 이용한 병충해 방제를 권한다. 이외에도 물엿, 야자유, 제충국 등 천연 성분 유래의 약제도 많으며 목초액이나 우유 등도 효과가 있다고 알려져 있다.

주의해야 할 곤충과 병

대부분의 곤충이나 병은 수목을 쇠약해지게는 해도 고사시키지는 않는다. 만일 피해가 발견된다면 구제해서 피해 부분을 제거하고 약제를 살포한다.

다음에 제시된 해충은 식물을 고사시킬 가능성이 높다. 이 해충에 대해서는 특히 주의하도록 한다.

[하늘소]

계절에 맞지 않는 단풍 등의 증상이 나타나면 각별한 주의가 필요하다. 굵은 가지가 갑자기 말라죽거나, 심한 경우는 나무 전체가 고사한다. 밑동에 톱밥이 쌓여 있으면 줄기 속에 하늘소의 유충이 있다. 줄기에 구멍이 뚫려 있지 않는지 확인하도록 한다. 구멍이 발견되면 구멍 속으로 살충제를 주입한다. 원예용품점 등에서 전용 살충제를 판매한다.

[솔수염하늘소, 소나무 재선충]

소나무를 고사시키는 해충이다. 솔수염하늘소가 소나

무 가지를 갉아 먹을 때 생긴 상처를 통해 솔수염하늘소의 체내에 있던 소나무 재선충이 침입하여 소나무 안에서 증식해 통도조직을 차단하여 말라죽는다.
방제 방법은 두 가지가 있다. 첫 번째는 솔수염하늘소를 방제하는 방법, 두 번째는 침입한 소나무 재선충의 증식을 막는 방법이다. 솔수염하늘소는 일반적인 해충 방제와 마찬가지로 약제를 살포하여 접근을 막는다. 솔수염하늘소 성충이 발생하기 전인 초봄부터 방제하는 것이 일반적이다. 소나무 재선충은 수간 주입제로 증식을 막는다. 솔수염하늘소 성충이 발생하기 3개월 전부터 사용한다.

[광릉긴나무좀]

참나무시들음병은 광릉긴나무좀이 매개충으로, 라펠리아균에 의한 전염성 시들음병(시들음병: 감염목이 급격히 고사하는 병)이다. 살균제를 줄기에 주입하여 병원균이 수목 내에서 확산되지 않게 하는 방법이 있다.

❶ 하늘소 피해
❷ 깍지벌레 피해
❸ 차독나방 피해
❹ 잎벌레 피해

82. 잡초 대처법

조경 업계에서는 '풀 뜯기'가 아닌 '풀 뽑기'를 하라는 말이 있다. 잡초는 가능한 뿌리까지 뽑으라는 말이다. 뿌리까지 뽑지 않으면 다시 자라기 때문이다. 특히 이끼가 자란 곳에 난 잡초는 조기에 뽑아내도록 하자. 잡초 뿌리에 걸려서 이끼가 벗겨질 우려가 있기 때문이다.
정원 손질을 할 때 가장 힘든 것이 풀 솎아내기다. 그러나 정원의 매력을 가장 잘 느낄 수 있는 것도 풀 솎아내기를 할 때가 아닐까 싶다. 허리를 숙여 식물을 가까이에서 자세히 볼 수 있기 때문이다. 가까이에서 보면 식물은 참으로 신기한 색과 형태를 지녔다는 것을 알게 된다. 잡초 중에도 예쁜 꽃이 피거나 사랑스럽게 생긴 것도 많다. 피해를 주지 않는 것은 얼마간 그대로 두고 상태를 봐도 좋다고 생각한다. 예를 들면 약모밀은 독특한 냄새 때문에 기피하는 경향이 많은 잡초지만, 장마철에 예쁜 꽃이 피고 잎은 차로도 이용할 수 있다. 그런 정보들을 찾아보고 다양한 지식을 습득해나가는 것도 정원이 주는 즐거움 중 하나이지 않을까.

83. 전정으로 아름다움을 가다듬는다

식물은 늘 성장한다. 2m 정도의 가는 나무라도 10년 동안 아무것도 하지 않고 그대로 두면 집 높이보다 크게 자라는 경우도 있다. 생장 속도가 느린 나무라도 잎이 무성해지기 때문에 정원을 방치해 두면 덤불이 되고 만다. 지피식물은 서로 경합하면 종류가 줄고, 교목이 지나치게 우거지면 지피식물이 다시 나지 않는다. 자연의 산속에서도 나무들이 우거진 곳에는 지피식물이 거의 없는 경우가 많다. 반대로 나무가 없는 도시의 공터에는 잡초가 번식한 경우도 적지 않다. 정원 식물을 이상적인 상태로 유지하기 위해서는 전정을 하거나, 솎아내는 등 사람의 손을 빌려 조절해줄 필요가 있다.

전정은 성장 속도를 늦추고, 지나치게 밀생한 가지를 솎아내어, 통풍이 잘되게 하고, 적당한 빛이 밑 부분까지 들어가게 하기 위한 작업이다. 또한 아름다운 수형의 가지 모양을 유지하기 위해서도 전정은 꼭 필요하다. 자연의 나무는 전정하지 않아도 수형이 아름답지 않은가? 라는 말을 들을 때가 있으나, 그 수형은 그 곳의 환경, 특히 일조 조건에 따라 좌우된다. 즉 자연 속에서는 햇빛에 의해 전정되어 있다고 볼 수 있다.

그 나무를 정원에 이식했을 경우 자란 환경과 똑같이 생장할 가능성은 거의 없다. 따라서 장소에 맞춰 수형은 차츰 변해간다. 그 수형이 원하는 형태로 자란다는 보장이 없으니 변화를 관찰해가며 그 시기의 아름다운 모습으로 가다듬어주는 것이 전정의 목적이라고도 할 수 있을 것이다. 전정의 가감 정도도 공간에 따라 다르다. 진입로 주변이나 거실에서의 전망, 2층 방에서 보이는 경치 등 각각의 공간에 맞춰 자르는 방법이 조금씩 다르다. 그리고 집과의 균형, 거리 분위기와의 조화도 중요하다.

전정 방법은 크게 두 종류로 나뉜다. 솎음 가지치기와 깎아 다듬기다. 이 두 가지는 수목의 성질을 정반대로 이용한 것이다. 통상적으로 가지의 끝부분을 자르면 수목은 잘린 부분에서 짧은 가지가 많이 나온다. 깎아

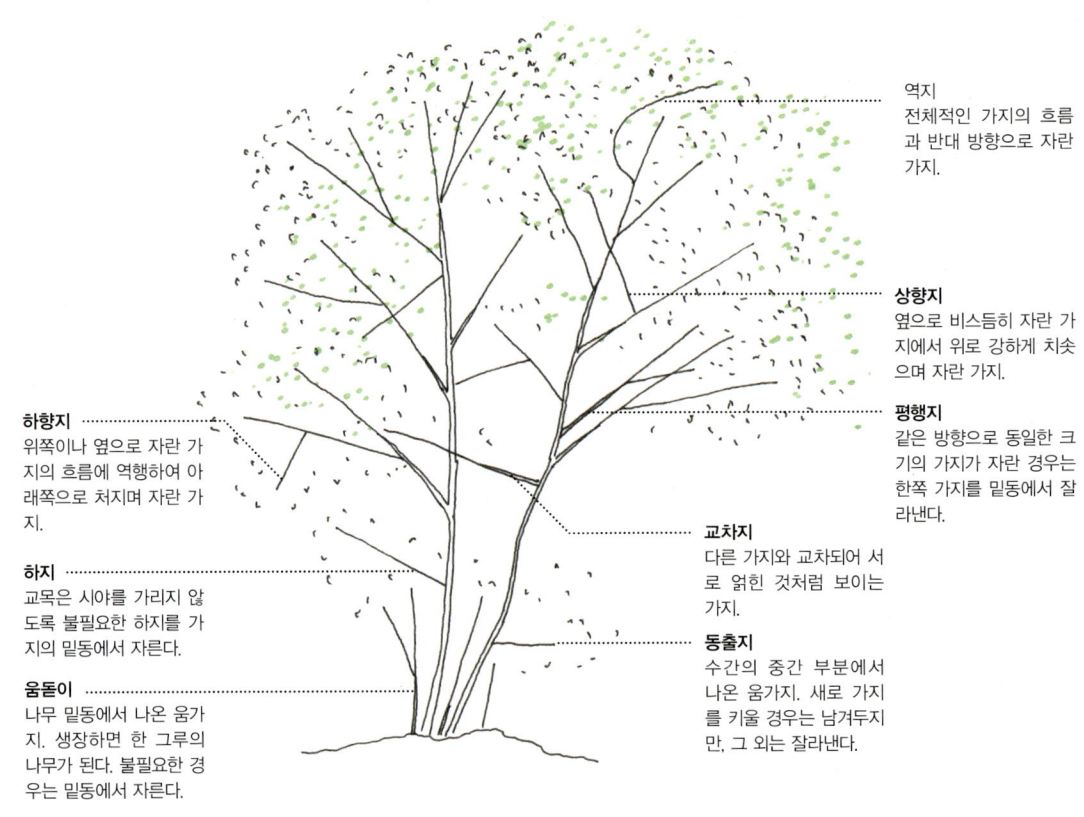

역지
전체적인 가지의 흐름과 반대 방향으로 자란 가지.

상향지
옆으로 비스듬히 자란 가지에서 위로 강하게 치솟으며 자란 가지.

평행지
같은 방향으로 동일한 크기의 가지가 자란 경우는 한쪽 가지를 밑동에서 잘라낸다.

교차지
다른 가지와 교차되어 서로 얽힌 것처럼 보이는 가지.

동출지
수간의 중간 부분에서 나온 움가지. 새로 가지를 키울 경우는 남겨두지만, 그 외는 잘라낸다.

하향지
위쪽이나 옆으로 자란 가지의 흐름에 역행하여 아래쪽으로 처지며 자란 가지.

하지
교목은 시야를 가리지 않도록 불필요한 하지를 가지의 밑동에서 자른다.

움돋이
나무 밑동에서 나온 움가지. 생장하면 한 그루의 나무가 된다. 불필요한 경우는 밑동에서 자른다.

다듬기는 그 성질을 이용하여 둥글게 또는 네모 등의 면이 있는 형태로 만들어간다. 둥근 형태의 철쭉이나 네모난 생울타리 같은 것을 많이 보았을 것이다.

반면, 솎음 가지치기는 일반적으로 자연 수형이라고 불리는 형태로 만들어간다. 서로 겹쳐져 있는 가지를 분지 지점에서 잘라내어 가지와 가지 사이를 솎아주는 전정 방법이다. 가지의 중간을 잘라버리면 토막 난 형태가 되고 말아 인공적으로 보이고, 잘린 단면에서 부자연스러운 잔가지가 나오게 된다. 가급적 분지된 위치에서 잘라내어 줄기부터 가지까지 자연스러운 라인이 형성될 수 있도록 유의한다. 솎음 가지치기는 수목이 본래 가지고 있는 개성을 살려줄 수 있기 때문에 주로 자연스러운 솎음 가지치기를 하는 편이다.

• POINT •

굵은 가지를 잘랐을 때 잘린 부분의 단면이 클 경우 상처가 유합되는데 시간이 걸리므로 잡균이나 빗물이 침투하여 잘린 부분부터 썩어 들어가는 경우가 있다. 따라서 잡균이나 빗물로부터 잘린 부분을 보호하기 위해 상처도포제를 사용한다. 절단면이 클 경우 반드시 발라주도록 한다.

상처도포제 예

성공 예

실패 예

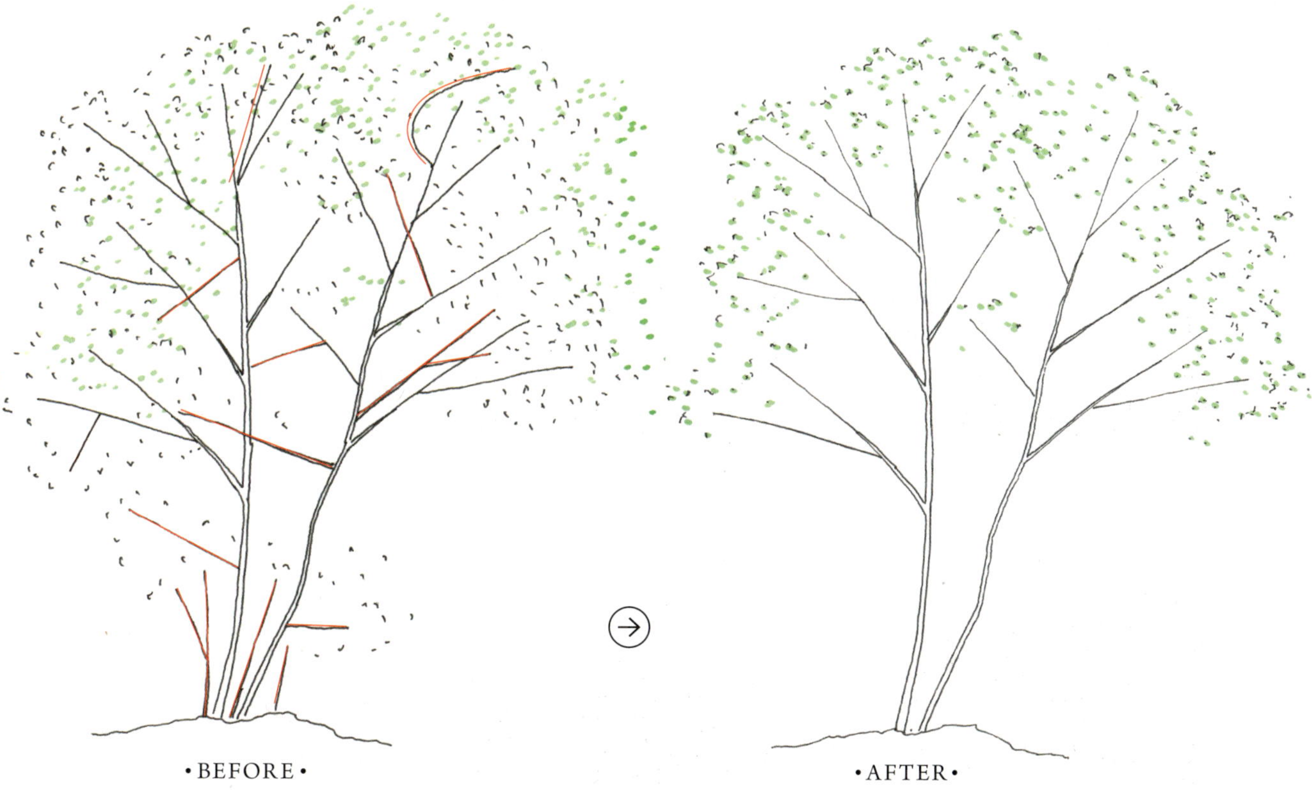

• BEFORE •

• AFTER •

84. 솎음 가지치기 방법

솎음 가지치기를 할 때 기본 개념이 세 가지 있다. 짙다·옅다, 부드럽다·딱딱하다, 가지의 흐름과 수형.

농담을 맞춘다

'짙다·옅다'는 가지와 잎의 양을 나타낸다. 단순히 잎이 많은 상태를 '짙다', 적은 상태를 '옅다'고 생각해도 된다. 가지에 의해 짙고 옅은 농담 차이가 생기므로 짙은 부분을 전정하여 옅게 만들어 '농담 맞춤'을 한다. 수목 한 그루의 농담이 정해지면 이웃하는 나무부터 전체적으로 농담을 맞춰나간다. 수종에 따라 잎의 크기나 밀도의 차이는 있지만, 조금 떨어져서 수목을 봤을 때 투과되는 빛의 양을 균일하게 맞춘다고 생각하면 된다.

짙고 옅은 정도는 장소에 맞춰 다르게 조절하는 경우도 종종 있다. 차폐 기능을 겸하고 있는 수목은 짙게 남기고, 중정 등 빛이 많이 들어오게 하고 싶은 장소는 옅게 하기도 한다.

가지의 인상을 부드럽게

'부드럽다·딱딱하다'는 가지에서 느껴지는 인상이다. 바람에 하늘거릴 것만 같은 가는 가지를 '부드럽다'고 하고, 반대로 굵고 짤막한 가지를 '딱딱하다'고 표현한다. '부드럽다'고 느끼는 가지는 줄기의 밑동부터 가지 끝까지 완만하게 가늘어지는 것이다. 가지 끝만 가늘고 중간까지는 굵은 것은 '부드럽다'고 느끼지 않는다. '딱딱한' 가지는 중간까지 굵고, 갑자기 가는 가지로 바뀐 상태의 수목이다.

가장 '딱딱한' 가지는 중간에서 뭉툭하게 잘려나간 것이다. 기본적으로 '딱딱한' 가지라는 것은 가지를 짤막하게 자르는 전정에 의해 발생한다. 가지를 같은 위치에서 계속 잘라내면 가지가 스스로 점차 굵어져버리기 때문이다. 지나치게 딱딱해진 가지는 적절한 시기에 잘라내야만 한다. 부드러운 가지를 유지하기 위해서는 때로는 줄기 밑동에서 큰 가지를 솎아내는 전정을 할 필요가 있다.

• BEFORE • •AFTER•

[부분적인 전정]
중앙의 굴거리나무가 짙어서 주변 나무와 농담을 맞추는 전정을 했다. 그때의 상황에 맞춰 연중 시행한다.

• BEFORE • •AFTER•

[정원 전체 솎음 전정]
전체적인 농담을 맞춰가며 전정한다. 가을부터 겨울 사이에 이런 방법으로 전정하는 경우가 많다.

동출지 전정. 줄기에서 나온 움가지는 방향이 좋은 것 이외는 가지가 크게 자라기 전에 전정한다.

묵은 잎을 떼어내는 전정. 품이 들기는 하지만 식물에 가해지는 부담도 적고, 아름답게 완성된다(좌). 분지된 가지가 많은 부분은 가지의 수를 줄여준다(우).

기세를 맞춘다

'가지의 흐름'은 줄기나 가지가 향하는 방향을 말한다. 줄기나 가지의 흐름을 기세라고 부르는데, 기세를 맞추는 것이 수목의 아름다움을 돋보이게 한다. 기본적으로는 기세에 맞지 않는 방향으로 뻗은 가지(역지, 상향지 등)를 잘라내면 가지의 흐름이 정돈된다. 큰 가지를 솎아낼 때도 가지의 흐름을 보는 것이 중요하다. 가지의 흐름이 바뀌는지 혹은 바뀌어도 되는지를 잘 판단하여 전정한다.

한 가지 더, 아름다운 수형을 유지하기 위해 중요한 개념이 있다. 그것은 '갱신지'를 키우는 것이다. 인간 사회에서도 후진을 양성하는 것이 중요하지만, 나무 전정에서도 마찬가지로 중요한 사항이다. 수목의 규모는 최대한 억제시킨 상태로 부드러우면서도 가지의 흐름이 좋은 수형을 유지하기 위해 크고 딱딱해진 가지를 잘라내야 하는데, 지나치게 커졌다고 해서 단번에 잘라버리면 수형이 흐트러져버린다. 자르기 위한 준비를 몇 년 전부터 해두어야 한다.

구체적으로는 동출지 같은 것 중에서 좋은 방향으로 자란 가지를 남겨두고, 후속 가지를 키워가는 것이다. 하지만 이 점을 유념하지 않으면 잘라버리거나 갱신할 가지를 지나치게 많이 남기는 바람에 좋은 방향으로 자라지 않는 등의 실패 사례도 있으니 주의해야 한다.

수목에는 다양한 특성이 있으므로 자르는 방법은 각각의 가지와 잎의 양이나 수형, 기세에 맞춰야 한다. 수목과 대화를 나누며 생장 상태에 맞춰서 가지의 모양을 만들어 나가며 정원 관리를 즐겼으면 한다.

단풍나무 전정

[동계] 낙엽기(12월~1월이 적기)에 마른 가지, 내향지(역지), 교차된 가지 등 불필요한 가지를 분지 지점에서 자른다.

[하계] 많은 가지가 밀생하므로 솎음 가지치기를 한다. 단, 지나치게 많이 잘라내면 피소 증상이 나타나므로 주의한다.
- 단풍나무는 가지의 흐름을 보여주는 것을 유념하며 전정한다.
- 동출지는 제거하고, 좋은 방향으로 뻗은 가지는 키워나간다.

꽃이 피는 식물 전정

- 꽃눈이 나온 가지를 전정하면 꽃이 적게 달리므로 주의한다.
- 꽃눈은 크게 나눠 꽃이 피기 전년에 생기는 것과 그해에 생장한 가지에 달리는 것의 2종류가 있다. 개화가 끝난 직후에 전정하는 것이 안전하다.
- 꽃눈의 형성은 종류별로 다르므로 도감 등을 통해 확인한다.

적송 전정

주로 가을과 겨울에 전정한다. 묵은 잎을 손으로 따내는(흔들어 떨어뜨린다) 전정을 하면 부드러운 수형을 유지하기 쉽다. 어린 가지에서만 새순이 나오는 특성이 있어 동출지를 이용한 가지 갱신은 할 수 없으므로 많이 잘라낼 때는 각별히 주의한다.

85. 잔디 관리

잔디 깎기

잔디 관리라고 하면 가장 먼저 잔디 깎기가 떠오를 것이다. 잔디 깎기는 힘들어 보여도 막상 해보면 즐거운 작업이다. 잔디를 깎은 후에 아름다운 잔디밭을 보면 성취감도 느끼고, 잔디 향기도 무척 좋다. 이제껏 별로 관심이 없다가 잔디 깎기가 취미가 될 정도로 푹 빠지는 사람도 있다(웃음).

잔디를 깎아줌으로써 잎이 위로 자라는 대신 밀도가 높아져서 섬세하고 균일한 아름다운 잔디밭이 되어간다. 잔디 깎기는 생장 시기(5월~11월)에 2~4회를 기준으로 한다.

잔디를 깎을 때의 대략적인 높이는 15㎜~25㎜이나, 그때그때 상황을 보고 판단한다. 정기적으로 잔디 깎기를 할 수 있을 경우 가정에서는 20㎜ 정도라도 깔끔한 상태를 유지할 수 있다. 참고로 골프장의 그린은 4㎜ 정도까지 짧게 깎는다.

잔디 깎기는 지나치게 자라기 전에 하는 것이 기본이나, 지나치게 자란 경우에는 비교적 높게 깎는다. 잎 길이의 절반 이상을 기준으로 한다. 지나치게 자란 잔디는 축(줄기에 해당하는 부분)이 생긴 상태이므로 그 부분을 남겨두고 깎는다. 축 부분까지 단번에 지나치게 짧게 자르면 쇠약해지는 경우가 있다. 단계적으로 깎는 높이를 낮춰가는 것이 좋다. 비단잔디는 11월경에 생장이 멈추므로 그 때 마지막 잔디 깎기를 한다. 겨울은 휴면기이므로 기본적으로 잔디를 깎을 필요가 없다.

잔디 깎기와 함께 주의해야 하는 것이 잔디밭의 가장자리다. 잔디밭은 포복경(지하경)을 길게 뻗어 서서히 옆으로 퍼져나간다. 잔디가 잔디밭 밖으로 퍼져나가지 않도록 경계 분리재를 땅속에 매설하지만, 생장기에는 그것을 넘어서 뻗어 나간다. 이를 방지하기 위해 잔디밭의 가장자리를 가위로 잘라준다. 또한 뿌리는 경계 부분에 집중되므로 경계 분리재 주변의 뿌리를 가끔 낫 같은 것으로 잘라주어야 한다.

잔디 깎이에 대해

잔디 깎이는 수동식, 전동식, 엔진식 3종류의 동력기가 있으며, 주로 잔디밭 면적이나 예산에 따라 어떤 방식으로 할지를 결정한다. 잔디밭이 100㎡ 이하의 일반적인 정원 면적에서는 수동식이나 전동식 중에 선택한다. 100㎡ 이내라면 수동식으로도 충분하다. 예산에 여유가 있으면 전동식도 좋을 것이다. 그 이상의 면적인 경우에는 엔진식을 선택하는 것이 좋다. 또한 경사지인 경우는 경사지에 특화된 잔디 깎이가 있다.

잔디 깎이도 손질을 해주어야 한다. 잔디 깎이의 절삭력이 떨어지면 잎이 찢긴 것처럼 들쭉날쭉해지고 이후에 잔디밭 표면이 누렇게 되어 미관을 해친다. 절삭력이 떨어지면 회전 칼날과 날받이 칼날의 교합을 조절해준다. 잔디 깎이의 날을 가는 것을 래핑이라고 한다. 제조사에 따라서는 래핑을 해주는 회사도 있으니 그런 사항들을 고려하여 잔디 깎이를 선택해도 좋을 것 같다.

제초 작업 및 잡초 대처법

잔디를 자르기 전에 잡초는 미리 뽑아둔다. 남은 뿌리

킨보시사 제품의 잔디 가위를 사용. 자란 잎 자르기(좌). 잔디 깎는 기계는 골프장 등에서 사용하는 것과 같은 날이 튼튼한 것을 선택하면 좋다.

에서 다시 자라지 않도록 뿌리째 뽑는다. 도저히 감당이 안 될 경우에는 제초제 사용을 고려한다. 제초제는 식물을 선택적으로 세거하는 선택성인 것과 모두 제거하는 비선택성인 것이 있다. 비선택성 제초제는 잔디도 말라죽게 되므로 사용하지 않는다.

선택성 제초제는 성분에 따라 효과가 있는 잡초의 종류가 다르다. 전문가와 상담하도록 한다. 제초제는 적절한 양을 사용하지 않으면 잔디가 말라죽는 등의 약해가 발생하므로 주의하도록 한다.

관수

봄에는 기온이 20℃ 정도가 되면 생장을 시작하므로 2~3일에 한 번씩 물을 흠뻑 주도록 한다.

여름에는 아침이나 저녁처럼 기온이 낮은 시기에 물을 뿌려준다. 기온이 높은 한낮에 물을 뿌리면 수분으로 인해 물러버리기 때문이다

정원에서 보낸 시간만큼 정원이 그 집의 추억 속 풍경이 된다

Baum style Architect의 후지와라 마사히코가 설계한 「두 개의 정원이 있는 집」에서는 섬을 묘사하듯이 잔디 정원을 만들었다. 가장자리에 테라스 보드를 넣어서 포복경이 뻗어 나가는 것을 방지한다. 또, 건물이나 담장에 바짝 붙여 잔디를 심으면 잔디 깎는 기계로 깎기 불편하므로 테라스 보드로 처리하면 관리도 용이하다.

겨울에는 비단잔디 등 한국 잔디는 휴면하기 때문에 살수는 거의 필요 없다. 단, 비가 거의 내리지 않고 건조한 기후가 지속될 때는 일주일에 1회 정도 살수하도록 한다. 잔디밭은 수시로 관수를 해야 하므로 자동 살수 장치 설치를 권한다.

비료를 준다

잔디밭은 시비를 하면 생장을 촉진시키고 밀도가 높아진다. 시비 후에 잔디는 크게 생장하므로 반드시 깎아 다듬어주도록 한다. 시비는 4~10월까지 한 달에 1회 정도 한다. 깎은 후 1주일에서 10일 정도 사이에 시비하는 것이 효과적이다. 단, 장마기에는 병의 원인이 되므로 삼가도록 한다.

비료는 3요소가 함유된 완효성비료를 준다. 3요소란, 질소(N):인(P):칼륨(K)을 말한다.

장마기에는 질소(N)를 다용하면 무르고 약해지므로 잔디밭 상태에 따라 질소를 줄여서 사용하거나 시비량을 줄이거나 하여 웃자라는 것을 억제하는 것이 좋다.

배토 작업

배토는 잔디 면을 고르게 하고 다시 생기를 불어넣는다. 1년에 1회는 시행하도록 한다. 3~5월에 시행하는 것이 일반적이다. 또한 지면을 평탄하게 만들 때나 곤충 피해 등으로 구멍이 뚫린 경우에도 수시로 배토 작업을 해주면 좋다. 휴면기에 들어가는 늦가을은 피하도록 한다. 모래에 파묻혀 말라죽거나 쇠약해지기 때문이다.

배토는 잔디의 잎이 완전히 덮이지 않도록 한다. 모래에 덮여버리면 말라죽는 경우도 있다. 모래는 말뚝과 끈을 사용하여 평탄하고 고르게 배토한다. 기준 두께는 약 3~5mm 정도다(㎡ 당 5~10L). 모래 종류는 강모래나 산모래가 좋다. 입자형(0.5~3mm)의 고운 것을 선택하도록 한다.

병충해 방제

비단잔디는 비교적 병충해에 강한 품종이나, 잔디밭이 쇠약해졌을 때는 피해가 커진다. 따라서 가장 좋은 병충해 대책은 잔디를 튼튼하게 키우는 것이다. 그래도 병충해가 심할 때는 약제 살포를 고려한다.

잔디가 말랐을 때

극심한 수분 부족, 병충해에 의해 부분적으로 마르는 경우가 종종 있다. 뿌리를 내린 잔디는 뿌리가 살아 있으면 시간은 걸려도 다시 살아난다. 넓은 면적이 말랐을 경우에는 잔디를 다시 까는 것을 권한다.

비료의 조합

[생육기]
동일 비율형 사용. 20g/1㎡ 기준
N10:P10:K10 또는 N8:P8:K8

[봄철 생장을 시작할 때]
인(P)을 많이 주는 것이 좋다. N5:P10:K10

[장마 시기]
질소(N)를 줄이는 것 좋다.
N0:P10:K10

어느 실내 공간에서든 조망할 수 있는 정원이 주거 공간의 중심이다. 잔디로 섬을 묘사하듯이 식재 구역을 분리하여 주위에 식물을 심음으로써 다양한 각도에서 각각 다른 분위기의 정원을 즐길 수가 있다. 넓은 데크 테라스에서는 가족이 모여 바비큐 파티를 즐긴다고 한다.

두 개의 정원이 있는 집(오카야먀현)
설계: Baum style Architect
시공: Baum style Architect
대지 면적: 346.74㎡
건축 면적: 127.02㎡

수목이 그 토지의 환경에 적응하기 위해서는 조금 시간이 필요하다.
뿌리를 내리는 동안에 낙엽이 지거나 가지가 말라죽는 경우가 있는데,
그것은 뿌리와 잎의 양을 스스로 조절하고 있기 때문이다.
식재한 모든 수목들에게는 아름답게 자라라고 속삭여준다.

앞으로도 애정을 갖고 대해주면 좋아할 것이다.
그리고 자신의 취향에 맞춰 적극적으로 정원 손질을 하며
흙과 식물과 함께하는 시간을 즐겨주었으면 한다.
시간이 흐르며 정원이 건강하게 성숙해가는 모습과 계절의 변화를
즐겨주기를 기원한다.

-오기노 도시야

거주자 A씨에게 받은 엽서에는 정원에서 수확한 맛있게 생긴 귤 그림이 그려져 있었다. 부부가 식사 후에 커피 타임을 정원에서 즐기게 되었다는 기쁜 소식을 전해주었다.

Appendix.

아름다운
정원 연출을 위한
식물도감
140

Trees. | Lower Trees.
Bushes. | Sakura and Azalea.
Flowers and Undergrowth.
Wild Grass.

Contents .
목 차

▍교목

- A-06 적송
- 07 스키마 리우키우엔시스
- 07 동청목
- 07 일본담팥수
- 08 담팥수
- 08 새덕이
- 08 헬리키아 코킹키넨시스
- 08 대팻집나무
- 08 서어나무
- 09 일본쇠물푸레나무
- 09 팥배나무
- 09 굴참나무
- 10 이페
- 10 단풍나무
- 10 졸참나무
- 10 시볼드 당단풍
- 10 일본목련
- 11 아페르티스콰미페라 물푸레나무
- 11 산딸나무
- 11 산단풍나무

▍소교목

- A-12 올리브나무
- 13 사철검은재나무
- 13 미르타케아 노린재나무
- 13 섬회나무
- 14 페이조아
- 14 플루메리아
- 14 키아테아 스피눌로사
- 14 헬리오트로피움 페르테리아눔
- 14 로도레이아 헨리 '레드 퍼널'
- 15 로니케라 그라킬리페스
- 15 설구화
- 15 캐나다 채진목
- 15 참회나무
- 15 감태나무

▍관목

- A-16 일본가막살나무
- 17 식나무
- 17 우네도 딸기나무
- 17 통탈목
- 17 은매화
- 17 오모수
- 18 히에말리스 동백나무 '세토시로'
- 18 오약
- 18 둥근잎다정큼
- 19 넓은잎 브룬펠시아
- 19 시나몬 아왜나무
- 19 스키미아 야포니카
- 19 빌베리
- 19 아로니아 아르부티폴리아
- 20 수국 '오쿠타마코아지사이'
- 20 비브르눔 플레보트리쿰
- 20 이테아 비르기니카
- 21 조팝나무
- 21 일본조팝나무 '골드플레임'
- 21 병아리꽃나무
- 21 정금나무
- 21 고광나무 '벨 에투아르'
- 22 헬윙기아 야포니카
- 22 박태기나무
- 22 중국왕설구화 '스테릴레'
- 22 포테르길라 몬티콜라
- 22 블루베리
- 23 삼지닥나무
- 23 순비기나무 '푸르푸레아'
- 23 라일락

Contents.
목 차

▌ 꽃 · 지피식물
- A-30 아가판서스
- 31 아칸투스
- 31 아주가 '초콜릿 칩'
- 31 이리스 웅귀쿨라리스
- 31 헬레보루스 오리엔탈리스
- 31 로만드라 롱기폴리아 '타니카'
- 32 타임 롱기카울리스
- 32 상록삼지구엽초
- 32 아스터 니티두스 '후지무스메'
- 33 매화헐떡이풀
- 33 상록둥굴레
- 34 상록윤판나물
- 34 홍지네고사리
- 34 맥문동 '기간테아'
- 35 누운방패꽃 '조지아 블루'
- 35 버들잎개야광나무 '오텀 파이어'
- 35 바위잔대
- 35 에키나시아
- 35 관중
- 36 층꽃나무 '스털링 실버'
- 36 콘콜러 달맞이글라디올러스
- 36 크로코스미아 '조지 데이비슨'
- 36 솔잎금계국 '문빔'
- 36 해오라비난초
- 37 비단잔디
- 37 대상화
- 37 자란
- 38 스푸리움세덤 '트라이컬러'
- 38 라넌큘러스 피카리아
- 38 원추리 '코르키'
- 39 프라티아 앙굴라타
- 39 뮬렌베르기아 카필라리스 '알바'
- 39 돌단풍
- 39 가는잎나래새
- 39 털수크령
- 40 물범부채 '메이저'
- 40 실라 시베리카
- 40 향기별꽃
- 40 서리이끼
- 40 털깃털이끼

▌ 산야초
- A-41 가지복수초
- 42 일본노루오줌
- 42 큰까치수염
- 42 얼레지
- 42 비비추 '알보마르기나타'
- 42 꽃여뀌
- 43 사사백합
- 43 단풍터리풀
- 43 실꽃풀
- 43 절분초
- 43 매화황련
- 44 초롱꽃
- 44 우산나물
- 44 산부추
- 44 시코쿠 천남성
- 44 노랑물봉선

▌ 벚나무 · 진달래
- A-24 수양올벚나무
- 25 벚나무 '오사카후유자쿠라'
- 25 춘추벚나무 '아우툼날리스'
- 25 산벚나무
- 26 알펜로제 P.J 메지트
- 26 쿠루메철쭉(코초노마이)
- 26 스카브룸철쭉
- 26 눈철쭉
- 26 철쭉 '호리우치칸자키'
- 27 무도철쭉 '혼키리시마'
- 27 로도덴드론 메테르니치 혼도엔세
- 27 단풍철쭉
- 27 엥키안투스 수브세실리스
- 27 진달래
- 28 엑스버리 아잘레아
- 28 로도덴드론 쿠인쿠에폴리움
- 28 로도덴드론 세미바르바툼
- 29 사쓰마 퍼진철쭉
- 29 철쭉 '하루이치반'
- 29 캠퍼철쭉

Glossary.

용어 설명

이 도감에서 사용한 용어와 식재와 관련하여 사용 빈도가 높은 용어에 관해 설명한다.

추식구근
가을에 알뿌리를 심는 구근화초를 말한다. 화려하고 눈에 띄는 꽃이 많으며 키우기 쉬우므로 꽃이 피는 시기의 감동을 상상하며 깜짝 선물로 땅속에 숨겨놓는다.

일년초
발아 후 1년 안에 꽃이 피고 열매를 맺고 말라죽는 식물의 총칭. 개화 기간이 길고 생육이 안정적이므로 정원의 강조점으로 이용한다. 거주자의 취향이나 기분에 따라 덧심기를 하기에도 가장 적합하다.

강전정
굵은 가지를 밑동에서 자르는 가지치기. 지나치게 크게 자랐거나 가지가 밀생한 수목에 시행한다. 일반적으로 낙엽수는 겨울철, 상록수는 봄 이후가 적기이다. 수종에 따라서는 수목이 원래의 상태로 되돌아가려고 강전정한 부분에서 오히려 강한 줄기가 나오는 경우도 있다. 그러므로 여러 해에 걸쳐서 계획하여 여러 차례에 나눠 전정하는 것이 좋은 경우도 있다.

이끼식물
수분이나 양분을 운반하는 관다발이 없는 육상 식물의 총칭으로 선태식물이라고도 한다. 정원의 완숙미를 연출한다. 일조 조건에 맞춰 종류를 구분해 사용하면 좋다.

숙근초
겨울에 지상부가 말라죽고 휴면에 들어가는 다년초. 겨울철에 허전해 보이지 않도록 상록 다년초와 혼식하면 좋다.

상록교목
교목 중에서 상록성인 것을 가리킨다. 겨울에도 녹음이 짙기 때문에 시선 차폐(아이 스톱) 용도로 이용하는 경우도 있다. 그러나 남쪽에 모아 심으면 겨울철 햇볕을 차단할 우려가 있으므로 주의해야 한다.

상록다년초
다년초 중에서 상록성인 것. 잎 모양 및 잎 색에 중점을 두고 선정한다. 향기가 나는 허브 등을 현관이나 바람이 잘 통하는 곳에 심는다.

상록소교목
소교목 중에서 상록성인 것. 겨울철 녹음이 필요한 장소나 가리개용으로 주로 이용된다. 약간 어두운 장소에서는 생육이 억제되어 부드러운 수형을 이룬다.

상록관목
관목 중에서 상록성인 것. 군집 식재하면 정원의 분위기를 조성하는 배경 식물이 된다. 깎아 다듬기를 하지 말고 솎음 가지치기를 하여 무게감을 없앤다.

솎음 가지치기
인공적으로 가지치기를 한 것처럼 보이지 않도록 자연스러운 느낌으로 완성하는 전정을 말한다. 나무의 윤곽을 유지하며 내부를 솎아낸다. 가지 끝을 짤막하게 자르지 말고 남겨두어 살짝 부는 바람에도 흔들리게 한다. 수목 내부의 통풍이나 일조 환경이 개선되므로 병충해 예방 효과도 있다.

내한성 다년초
추위에 강한 다년초를 일컫는다. 월동이 가능하므로 많이 이용한다. 오히려 더위에 약한 품종도 많으므로 그늘진 장소에 심으면 좋다.

다년초
여러 해 동안 말라죽지 않고 매년 꽃을 피우는 식물의 총칭. 자라면 지표면을 녹음으로 뒤덮는 지피식물이 된다. 일조 조건이나 토지 및 건물 분위기에 맞춰 식물을 선정한다.

도장지
수목의 줄기나 가지에서 발생하여 위를 향해 곧게 뻗는 굵은 가지. 이 가지는 수형을 흐트러트리므로 보통 잘라내지만, 수고를 높이고 싶은 경우나 미관상 좋은 위치에서 나왔을 때 유용하게 이용할 수도 있다.

엽수
잎에 물을 주는 것. 실내 또는 실외라도 처마 밑처럼 직접 빗물이 닿지 않는 장소에서는 잎이 먼지로 오염되거나 건조해지기 쉽고, 병충해가 발생하는 경우가 있다. 분무기나 호스 등을 사용하여 직접 잎에 물을 뿌려줌으로써 식물의 건강을 유지할 수 있다. 단, 실외의 경우 여름철 더운 시기에 엽수를 하면 잎이 타버리므로 이 시기의 엽수는 피한다.

반낙엽성 관목
반낙엽성(또는 반상록성)이란, 환경이나 지역에 따라 잎이 떨어지는 시기가 있는 상록성과 낙엽성의 중간과 같은 성질을 가리킨다. 반낙엽성 관목은 잎이 떨어지기도 하고, 손상된 것처럼 보이므로 가리개용으로 이용할 때는 주의해야 한다.

움돋이
지면에 가까운 나무의 밑동에서 새로 나온 가지. 수형을 흐트러트리므로 잘라내는 경우가 많으나, 나무가 지나치게 높이 자랐거나 수세가 쇠약해진 줄기를 대신해 움돋이를 이용하여 갱신하는 경우도 있다.

산취목
산에 자생하는 수목을 굴취하여 정원수로 사용하는 것. 사람이 인위적으로 키운 것과는 달리 산의 한정된 영양분을 확보하기 위해 다른 수목과 경합하며 자란 수형은 한 그루 한 그루가 개성적이고 섬세한 아름다움을 지닌다. 최근에는 생산 농가에서도 경사면에 이식하여 키우는 등 산취목 형태의 재배를 연구하는 곳도 있다.

낙엽교목
교목 중에서 낙엽성인 것을 가리킨다. 섬세한 수형이나 줄기의 형태를 즐길 수 있고, 잡목림 분위기를 연출할 수 있다. 남쪽에 심으면 잎이 무성해지는 여름철에는 강렬한 햇빛을 차단할 수 있고, 낙엽이 지는 겨울철에는 햇볕을 이용할 수 있는 장점이 있다.

낙엽소교목
소교목 중에서 낙엽성인 것. 시선 차폐용으로 이용할 수 있으므로 꽃, 열매, 수형이 특징적인 것을 선정한다. 수간의 피소 방지 목적으로 교목 옆에 심는 경우도 있다.

낙엽관목
관목 중에서 낙엽성인 것. 꽃이나 향기에 특색이 있는 것을 선정하면 사계절의 변화를 더욱 뚜렷하게 느낄 수 있다.

Category. 1

교 목 (3m 이상)

풍취 있는 정원의 주목으로 이용된다. 정원 조성 현장에서도 가장 먼저 식재하여 전체적인 공간의 중심을 정하는 한 그루의 중요한 수목으로 이용되는 경우가 많고, 건축 비율을 고려하여 중심이 되는 위치를 파악해 식재한다. 또한 교목의 높은 수고를 활용해 건축물의 남쪽에 식재하여 햇볕을 차단함으로써 실내 온도를 내리는 효과도 얻을 수 있다. 높은 위치에서는 주위에 햇빛을 가리는 것이 없는 경우가 많으므로 볕에 강한 나무가 좋다.

적송

소나무과/상록교목

[분포]
일본(홋카이도, 혼슈, 시코쿠, 규슈)
한국
중국(동북부)

[꽃·열매 맺는 시기]
【꽃】 –
【열매】 –

[일조 조건]
양지에서 키운다.

특성 및 식재 포인트
정원수의 왕이라고 불릴 만큼 굵고 풍취 있는 정원수. 잡목과도 잘 어울리며 붉고 아름다운 수피가 특징이다. 다른 수목보다 높게 심으면 정원 공간에 개방감과 중후감이 생긴다. 건조에 강하고 햇볕을 좋아한다. 배수가 잘되는 메마른 토양에 심으면 수형이 안정되고 건강하게 자란다. 동양적인 산 풍경을 대표하는 나무이므로 보존해야 할 품종이다.

손질 및 관리 요령
가지가 밀생하여 그늘이 생기면 그 부분에 가지마름 증상이 나타나므로 밀생한 가지를 속아낸다. 또한 묵은 잎을 제거하여 잎의 양을 조절하고, 수피를 다듬어주면 아름다운 자태를 유지할 수 있다. 소나무를 고사시키는 선충류를 매개하는 솔수염하늘소의 발생에 주의한다.

Trees.

스키마 리우키우엔시스
차나무과/상록교목

[분포]
일본(규슈 아마미제도, 오키나와)

[꽃·열매 맺는 시기]
【꽃】4월~5월
【열매】–

[일조 조건]
양지에서 키운다.

특성 및 식재 포인트
잎 색이 짙어서 가리개용으로도 이용할 수 있다. 초여름에 청초한 백색 꽃이 위를 향해 핀다. 따뜻한 지방에 적합하다.

손질 및 관리 요령
불필요한 가지를 솎아내어 자연 수형을 유지한다. 여름 이후의 전정을 피하면 꽃이 더 많이 핀다.

동청목
감탕나무과/상록교목

[분포]
일본(혼슈, 시코쿠, 규슈)
중국, 대만

[꽃·열매 맺는 시기]
【꽃】6월~7월
【열매】10월~11월

[일조 조건]
반그늘에서 키운다.

특성 및 식재 포인트
일본에서는 잎이 바람에 흔들리며 스치는 소리가 난다고 하여 '소요고(가볍게 흔들린다는 뜻)'라고 한다. 적송림에서 흔히 볼 수 있으며, 배수가 잘되는 토양을 좋아한다. 내한성, 내음성이 있다.

손질 및 관리 요령
수형이 그다지 흐트러지지 않는다. 가지를 솎아내어 자연 수형을 유지한다. 병충해는 적다.

일본담팔수
담팔수과/상록교목

[분포]
일본(혼슈 긴키 이서, 시코쿠, 규슈, 오키나와)
중국, 대만

[꽃·열매 맺는 시기]
【꽃】5월~6월
【열매】–

[일조 조건]
반그늘~양지에서 키운다.

특성 및 식재 포인트
장타원형의 금화처럼 생긴 잎이 특징이며, 경쾌한 모습이 인상적이다. 상록수 중에서는 비교적 추위에 강하고, 반그늘에서 키우면 자연 수형의 부드러운 상태를 유지할 수 있다. 따뜻한 지방에 분포하는 상록수로, 큰 나무는 수고가 20m에 달하지만 정원수로는 주로 2~4m 정도의 크기를 사용한다.

손질 및 관리 요령
해충 걱정은 없다. 산취목을 사용하면 동출지 등으로 인해 수형이 흐트러지기 쉬우므로 가벼운 전정으로 수형을 다듬어 통풍이 잘되게 한다. 일본담팔수처럼 잎에 광택이 있는 상록수는 정기적으로 잎에 물을 뿌려 먼지를 씻어주면 잎이 더욱 아름답게 보인다.

Category. 1

담팔수

담팔수과/상록교목

[분포]
일본(혼슈 지바현 이서, 시코쿠, 규슈, 오키나와)

[꽃·열매 맺는 시기]
【꽃】6월~7월
【열매】-

[일조 조건]
반그늘~양지에서 키운다.

특성 및 식재 포인트
새빨갛게 물든 묵은 잎을 일 년 내내 볼 수 있다. 가지와 잎이 밀생하므로 가리개용으로 이용할 수 있는 귀중한 수목이다.

손질 및 관리 요령
자연 수형을 유지하기 위해 가지 끝을 짤막하게 자르지 않도록 주의한다.

새덕이

녹나무과/상록교목

[분포]
일본(혼슈 지바현 이서, 시코쿠, 규슈, 오키나와)
한국, 대만

[꽃·열매 맺는 시기]
【꽃】3월~4월
【열매】-

[일조 조건]
반그늘~양지에서 키운다.

특성 및 식재 포인트
이른 봄에 붉은색의 자잘한 꽃들이 모여 피는 모습이 특징적이다. 가지나 잎을 비비면 상큼한 향기가 난다. 아름다운 수형을 유지하기 위해서는 반그늘에서 키운다. 서향 햇빛은 피한다.

손질 및 관리 요령
미관을 해치는 묵은 잎은 제거한다. 잎은 손으로 떼어 낼 수 있다.

헬리키아 코킹키넨시스

프로테아과/상록교목

[분포]
일본(혼슈 도카이·주코쿠 지방·기이 반도, 시코쿠, 규슈, 오키나와)
아시아(동남부)

[꽃·열매 맺는 시기]
【꽃】7월~9월
【열매】-

[일조 조건]
반그늘~양지에서 키운다.

특성 및 식재 포인트
솔 모양의 꽃이 피며 따뜻한 지방에 적합한 수목. 잎이 얇고, 어린나무에는 가장자리에 톱니가 있다. 그다지 장소를 가리지 않으며, 음지에도 비교적 강하다.

손질 및 관리 요령
동출지가 나오면 줄기의 라인이 보이도록 전정한다.

대팻집나무

감탕나무과/낙엽교목

[분포]
일본(홋카이도, 혼슈, 시코쿠, 규슈)
한국, 중국

[꽃·열매 맺는 시기]
【꽃】5월~6월
【열매】-

[일조 조건]
반그늘에서 키운다.

특성 및 식재 포인트
수피가 얇아 더위에 약하므로 피소 피해를 방지할 수 있는 장소가 적합하다. 잎 색이 연해 경쾌한 인상을 주고, 가지에서는 고목 느낌이 난다.

손질 및 관리 요령
물을 좋아하는 수목이므로 특히 여름철 극심한 수분 부족에 주의해야 한다.

서어나무

자작나무과/낙엽교목

[분포]
일본(홋카이도, 혼슈, 시코쿠, 규슈)
한국, 중국

[꽃·열매 맺는 시기]
【꽃】4월~5월
【열매】-

[일조 조건]
양지에서 키운다.

특성 및 식재 포인트
붉은색을 띠는 새순이 아름답고, 줄기는 생장하면 혈관처럼 생긴 맥과 골이 생겨서 강인한 인상을 준다. 장소를 가리지 않고 키울 수 있는 강건한 수목이다.

손질 및 관리 요령
자연 수형을 유지하기 위해 가지 끝을 짤막하게 자르지 말고, 도장지 등 불필요한 가지를 솎아내는 정도만 한다.

Trees.

일본쇠물푸레나무
물푸레나무과/낙엽교목

[분포]
일본(홋카이도, 혼슈, 시코쿠, 규슈)
남쿠릴 열도

[꽃·열매 맺는 시기]
【꽃】5월~6월
【열매】-

[일조 조건]
반그늘~양지에서 키운다.

특성 및 식재 포인트
야구 방망이를 만드는 소재로도 알려진 수목. 생장 속도가 느리고, 건축물에 닿을 정도로 크게 자라지도 않으며, 반그늘에서도 잘 자라서 수형이 그다지 흐트러지지 않으므로 중정에서도 사용하기 쉽다. 줄기의 무늬가 아름다워 잎이 진 후의 모습도 한 폭의 그림이 된다. 크기도 다양하고 어떤 건축물과도 어울리는 표정을 지녔다. 양지를 좋아하나, 햇빛이 강하면 무늬가 옅어진다.

손질 및 관리 요령
건조와 추위에 강하고, 병충해도 거의 없어 키우기 쉽다. 전정은 수간의 내부를 속음 가지치기하는 정도면 되므로 손질이 간단하다. 단, 이식 후 1년 동안은 토양이 건조해지지 않도록 관수를 충분히 한다.

팥배나무
장미과/낙엽교목

[분포]
일본(홋카이도, 혼슈, 시코쿠, 규슈)
아시아(동북부)

[꽃·열매 맺는 시기]
【꽃】5월~6월
【열매】9월~10월

[일조 조건]
반그늘에서 키운다.

특성 및 식재 포인트
가을이 되면 수관 전체에 자잘한 붉은 열매가 달려 매우 아름답다. 양지 또는 반그늘에서 자라기 때문에 키우기 쉬워 가로수 등에도 이용된다.

손질 및 관리 요령
수형이 흐트러지면 다듬는 정도로 전정하면 되므로 손질을 그다지 하지 않아도 된다.

굴참나무
참나무과/낙엽교목

[분포]
일본(혼슈 야마가타현 이서, 시코쿠, 규슈)
아시아(동남부)

[꽃·열매 맺는 시기]
【꽃】4월~5월
【열매】이듬해 10월~11월

[일조 조건]
양지에서 키운다.

특성 및 식재 포인트
상수리나무와 비슷하게 생긴 수목. 수피의 코르크층이 발달하여 탄력 있고 부드러운 인상을 준다. 생장할수록 줄기가 더욱 거세지므로 흥미로운 줄기의 모습을 즐길 수 있다.

손질 및 관리 요령
수형이 흐트러지면 전정하여 다듬는데, 강전정은 하지 않는다.

Category. 1

이페
능소화과/낙엽교목

[분포]
남아메리카 원산

[꽃·열매 맺는 시기]
【꽃】 4월~5월
【열매】 –

[일조 조건]
양지에서 키운다.

특성 및 식재 포인트
브라질을 대표하는 꽃으로, 선명한 노란색 꽃이 시선을 집중시킨다. 일본 오키나와에서는 가로수로도 이용하고 있다. 따뜻한 지방에 적합하다.

손질 및 관리 요령
특별히 손질은 하지 않아도 되나, 찬바람에 직접적으로 노출되지 않는 방법을 모색한다.

단풍나무
단풍나무과/낙엽교목

[분포]
일본(혼슈 후쿠시마현 이서, 시코쿠, 규슈)
한국

[꽃·열매 맺는 시기]
【꽃】 4월~5월
【열매】 –

[일조 조건]
반그늘에서 키운다.

특성 및 식재 포인트
가을을 장식하는 대표적인 수목. 단풍나무 중에서는 비교적 햇볕에 강하다. 엽소* 현상을 방지하기 위해 반그늘에 심으면 아름답게 자란다.

손질 및 관리 요령
초여름부터는 하늘소가 산란을 하지 않도록 주의한다.

졸참나무
참나무과/낙엽교목

[분포]
일본(홋카이도, 혼슈, 시코쿠, 규슈)
한국

[꽃·열매 맺는 시기]
【꽃】 4월~5월
【열매】 10월~11월

[일조 조건]
양지에서 키운다.

특성 및 식재 포인트
굵고 힘차게 뻗은 줄기가 특징이다. 가는 나무와 혼식하면 원근법에 의해 깊이감이 생긴다. 생장 속도가 빠르고, 강한 햇빛을 누그러트리기에도 적합하다. 직근성.

손질 및 관리 요령
자연스럽게 크게 키우고, 강전정은 피한다. 건조에 강하며 뿌리를 내린 후에는 관수도 필요 없다.

시볼드당단풍
단풍나무과/낙엽교목

[분포]
일본(홋카이도, 혼슈, 시코쿠, 규슈)

[꽃·열매 맺는 시기]
【꽃】 4월~5월
【열매】 –

[일조 조건]
반그늘~양지에서 키운다.

특성 및 식재 포인트
잎이 물들어가는 모습이 흥미로우며, 한 장 한 장의 색이 저마다 다르다. 한 장의 잎에서도 절반씩 물이 드는 경우도 있다.

손질 및 관리 요령
초여름부터는 하늘소가 산란을 하지 않도록 주의한다.

일본목련
목련과/낙엽교목

[분포]
일본(홋카이도, 혼슈, 시코쿠, 규슈)
한국, 중국

[꽃·열매 맺는 시기]
【꽃】 5월~6월
【열매】 –

[일조 조건]
반그늘~양지에서 키운다.

특성 및 식재 포인트
꽃과 잎 모두 최대급이다. 일본에서는 잎을 호바미소라고 하는 향토 요리의 접시로 이용할 만큼 존재감이 있다. 잎을 아름답게 유지하기 위해 서향 햇빛을 피한다.

손질 및 관리 요령
건조해지지 않도록 주의하고 물은 듬뿍 준다. 특별히 전정을 하지 않아도 수형이 잡힌다.

*엽소: 고온에 의해 잎의 가장자리부터 갈색으로 마르는 현상

Trees.

아페르티스콰미페라 물푸레나무

물푸레나무과 / 낙엽교목

[분포]
일본(혼슈 간토 지방·주부 지방, 시코쿠)

[꽃·열매 맺는 시기]
【꽃】5월
【열매】–

[일조 조건]
반그늘~양지에서 키운다.

특성 및 식재 포인트
깊은 산에 자생한다. 가지가 가늘고 수피가 매끈하여 아름답다. 잎 가장자리에 날카로운 톱니가 있는 것이 특징이다. 다른 쇠물푸레나무 종류처럼 더디게 생장한다.

손질 및 관리 요령
추위에 강하고, 병충해도 거의 없다. 전정은 속음 가지치기 정도만 하면 되므로 손질을 거의 하지 않아도 된다.

산딸나무

층층나무과 / 낙엽교목

[분포]
일본(혼슈, 시코쿠, 규슈)
한국
중국, 대만

[꽃·열매 맺는 시기]
【꽃】6월~7월
【열매】8월~10월

[일조 조건]
반그늘에서 키운다.

특성 및 식재 포인트
수평으로 자라는 가지에 꽃이 위를 향해 피므로 특히 위쪽에서 보면 아름답고 인상적이다. 고온에 의한 피해를 방지하기 위해 서향 햇빛은 피한다.

손질 및 관리 요령
도장지가 나오므로 가지를 속아내어 다듬는다. 너무 건조해지지 않도록 관수에 신경 쓴다.

산단풍나무

단풍나무과 / 낙엽교목

[분포]
일본(홋카이도, 혼슈 아오모리현~시마네현)

[꽃·열매 맺는 시기]
【꽃】4월~5월
【열매】–

[일조 조건]
반그늘에서 키운다.

특성 및 식재 포인트
햇빛을 받는 정도에 따라 다양한 색으로 물들기 때문에 같은 나무라도 외형적인 인상이 다르다. 햇볕이 강하면 수간에 피소 증상이 나타나기 쉬우므로 가능한 반그늘에 심는다. 양지에 이식할 경우는 다른 수목을 모아 심어서 조금이라도 볕을 누그러트릴 수 있도록 한다. 건물 중앙에 정원이 있는 코트 하우스 등 건물을 이용하여 직사광선을 차단하는 배치도 효과적이다.

손질 및 관리 요령
여름철에는 지나치게 건조해지지 않도록 관수를 충분히 한다. 엽소 현상을 방지하기 위해서는 잎에 물을 주는 것도 효과적이다. 단, 한낮은 피한다. 지나치게 무성해져서 무거워지면 속음 가지치기를 한다. 해충은 하늘소를 주의해야 한다. 나무가 고사할 우려가 있으므로 줄기 속에 들어간 유충은 구제한다.

Category. 2

소교목 (1.5m~3m)

교목에 더해주는 나무라고 할 수 있다. 직립하는 교목 옆에 배치하여 나무의 부피감을 연출한다. 그러므로 수형이 부드럽고 섬세한 인상을 주는 것을 선정한다. 또한 사람 키 정도의 나무를 사용함으로써 이웃의 시선을 차단하거나 가리개용으로 이용할 수도 있다. 교목에 의해 그늘이 지는 경우도 있기 때문에 반그늘에 적합한 수목도 많다. 시야를 차지하는 비율이 높으므로 인상적인 수목을 사용하는 것이 효과적이다.

올리브나무

물푸레나무과/상록소교목

[분포]
지중해 연안 원산

[꽃·열매 맺는 시기]
【꽃】5월~6월
【열매】9월~11월

[일조 조건]
양지에서 키운다.

특성 및 식재 포인트
고목의 줄기는 강인하고 생동감이 있다. 은빛으로 빛나는 잎도 섬세하고 아름다우며 서양적인 분위기가 느껴진다. 건조 지대의 식물이나, 햇빛이 잘 들고 배수가 잘되면 특별히 토양을 가리지 않는다. 단, 내한성은 있으나 극한지에서는 키우기 어렵다. 과실은 오일이나 피클의 원재료로 즐길 수 있다. 열매를 많이 수확하기 위해서는 다른 품종을 같이 심는다.

손질 및 관리 요령
밀생한 가지를 정리하여 통풍이 잘되게 한다. 봄부터 가을까지 줄기를 식해하는 바구미에 주의한다. 건조한 환경을 좋아하므로 관수는 많이 하지 않는다. 가지가 갈라진 분지 지점에서 전정한다. 전정 적기는 2월경이지만 그 외의 시기라도 불필요한 가지는 적절히 잘라낸다.

Lower Trees.

사철검은재나무
노린재나무과/상록소교목

[분포]
일본(혼슈 고즈 섬·아이치현 이서, 시코쿠, 규슈, 오키나와)
한국(제주도)
대만

[꽃·열매 맺는 시기]
【꽃】 3월~4월
【열매】 –

[일조 조건]
반그늘~양지에서 키운다.

특성 및 식재 포인트
수피와 과실이 검은색이며 새가 먹으러 날아드는 경우도 있다. 따뜻한 곳에 적합하고, 반그늘에서 키우면 천천히 생장하면서 부드러운 수형을 유지한다.

손질 및 관리 요령
특별한 병충해는 없다. 손질은 수형이 흐트러지면 전정해주는 정도면 된다.

미르타케아 노린재나무
노린재나무과/상록소교목

[분포]
일본(혼슈 긴키 지방 이서, 시코쿠, 규슈)

[꽃·열매 맺는 시기]
【꽃】 4월~5월
【열매】 –

[일조 조건]
반그늘에서 키운다.

특성 및 식재 포인트
상록수 중에서는 보기 드문 부드러운 수형이 특징이며 우아한 인상을 준다. 잎을 아름답게 유지하려면 반그늘이나 그늘에 심는다.

손질 및 관리 요령
뿌리가 얕아서 물을 좋아하므로 건조해지지 않도록 주의하고, 관수를 충분히 한다.

섬회나무
노박덩굴과/상록소교목

[분포]
일본(혼슈 야마구치현, 규슈, 오키나와)
한국(남부의 섬)

[꽃·열매 맺는 시기]
【꽃】 4월~5월
【열매】 11월~12월

[일조 조건]
양지에서 키운다.

특성 및 식재 포인트
일본에서는 서일본의 일부 지역에서만 자생하는 희귀한 수목으로, 반그늘이 적합하다. 잎 색이 밝고, 언뜻 보면 감귤류 같은 인상이 느껴진다. 눈에 띄지 않는 녹색 꽃이 핀다. 가지나 잔가지, 열매의 단면이 사각형인 것이 특징이다. 열매는 익으면 주황색이 된다. 서양식 분위기의 정원에도 자주 이용된다.

손질 및 관리 요령
자연 수형을 유지하기 위해서는 가지 솎아내기를 해서 깔끔하게 정돈한다. 특별히 주의해야 할 병충해는 없다. 가리개용으로 이용하거나 교목에 더해주는 등 각각의 정원에서의 역할에 맞게 전정하면 된다.

Category. 2

페이조아
도금양과/상록소교목

[분포]
남아메리카 원산

[꽃·열매 맺는 시기]
【꽃】5월~7월
【열매】10월~11월

[일조 조건]
양지에서 키운다.

특성 및 식재 포인트
열대 과일나무지만, 내한성도 있다. 잎 뒷면이 은색이며 서양식 정원에 좋다. 과실과 꽃 모두 식용할 수 있다.

손질 및 관리 요령
가지가 다소 불규칙하게 자라므로 가지 솎아내기를 정기적으로 한다.

플루메리아
협죽도과/상록소교목

[분포]
서인도 제도
열대 아메리카

[꽃·열매 맺는 시기]
【꽃】7월~9월
【열매】-

[일조 조건]
양지에서 키운다.

특성 및 식재 포인트
열대 지방을 대표하는 화목류로 별 모양의 꽃에서 강한 향기가 난다. 열대 지방에서만 노지 식재가 가능하며 햇빛이 잘 드는 진입로나 바람이 불어오는 쪽에 심어 향기를 즐겨도 좋다.

손질 및 관리 요령
수형이 흐트러지면 가지치기하여 정돈한다. 가지치기할 때 절단면에서 나오는 액체가 피부염을 일으킬 수도 있다.

키아테아 스피눌로사
키아테아과/상록소교목

[분포]
일본(이즈 제도 이남)
인도차이나 반도~히말라야

[꽃·열매 맺는 시기]
【꽃】-
【열매】-

[일조 조건]
반그늘에서 키운다.

특성 및 식재 포인트
가을부터 겨울의 한랭기에도 습도가 높고 온난한 열대 지방에서만 식재가 가능한 대형 목생 양치식물. 아열대의 이국적인 분위기가 매력적이다.

손질 및 관리 요령
겉흙이 마르기 시작하면 물을 듬뿍 준다. 줄기를 뒤덮으며 땅 위로 노출된 뿌리에도 물을 준다.

헬리오트로피움 페르테리아눔
지치과/상록소교목

[분포]
일본(규슈 다네가시마 이남, 오키나와, 오가사와라)
아시아 동남부
미크로네시아, 아프리카

[꽃·열매 맺는 시기]
【꽃】2월~6월
【열매】-

[일조 조건]
양지에서 키운다.

특성 및 식재 포인트
열대 지방에서만 식재가 가능한 수목으로 염해에 강하다. 갈라진 수피의 결이 두드러지며 구불구불하게 굽은 줄기가 야성적인 느낌을 준다. 잎은 두툼하고 은백색의 털로 뒤덮여 있다.

손질 및 관리 요령
자연스럽게 아름다운 수형이 형성되므로 전정은 말라 죽은 가지를 처리하는 정도만 한다.

로도레이아 헨리 '레드 퍼널'
조록나무과/상록소교목

[분포]
중국(남부)
베트남·미얀마 원산

[꽃·열매 맺는 시기]
【꽃】3월~4월
【열매】-

[일조 조건]
반그늘~양지에서 키운다.

특성 및 식재 포인트
그늘에서도 자라는 상록수. 만병초와 비슷한 꽃이 가지 끝에 핀다. 또한 꽃이 없는 시기에도 진녹색 잎과 붉은 가지가 산뜻한 대비를 이룬다.

손질 및 관리 요령
너무 건조해지지 않도록 관수를 한다. 묵은 잎은 손으로 떼어낼 수 있다.

Lower Trees.

로니케라 그라킬리페스
인동과/낙엽소교목

[분포]
일본(홋카이도, 혼슈, 시코쿠)

[꽃·열매 맺는 시기]
【꽃】4월~5월
【열매】6월~7월

[일조 조건]
반그늘~양지에서 키운다.

특성 및 식재 포인트
일본 원산의 수목으로, 나팔 모양의 분홍색 꽃과 과실을 즐길 수 있다. 양지에서는 포기가 풍성해지고 꽃도 많이 달린다.

손질 및 관리 요령
가지가 불규칙한 방향으로 자라지만, 적절히 솎아내어 원하는 형태로 만든다.

설구화
인동과/낙엽소교목

[분포]
일본(혼슈)

[꽃·열매 맺는 시기]
【꽃】4월~5월
【열매】-

[일조 조건]
양지에서 키운다.

특성 및 식재 포인트
수많은 백색 꽃이 모여 만들어지는 공처럼 둥근 형태가 예술적이다. 송이가 큰 것은 지름이 12㎝나 된다.

손질 및 관리 요령
밀생한 가지는 겨울에 정리한다. 진딧물이나 잎말이나방 발생에 주의한다.

캐나다 채진목
장미과/낙엽소교목

[분포]
북아메리카 원산

[꽃·열매 맺는 시기]
【꽃】4월~5월
【열매】6월~7월

[일조 조건]
반그늘~양지에서 키운다.

특성 및 식재 포인트
과실은 단맛이 있어 잼을 만들 수 있다. 이 과실을 노리고 새가 날아들어 해충도 구제해준다. 꽃이 아래로 처져서 피고 가을에는 단풍이 아름답다.

손질 및 관리 요령
도장지 등을 정리하여 수형을 정돈한다. 충해는 노랑쐐기나방을 주의한다.

참회나무
노박덩굴과/낙엽소교목

[분포]
일본(홋카이도, 혼슈, 시코쿠, 규슈)
아시아(동북부)

[꽃·열매 맺는 시기]
【꽃】5월~6월
【열매】9월~10월

[일조 조건]
반그늘에서 키운다.

특성 및 식재 포인트
아래로 늘어지며 달리는 꽃과 열매가 특징적이며 가을에 붉은 열매가 터지는 모습이 운치 있다. 강한 햇빛을 피해서 반그늘에 심는다.

손질 및 관리 요령
여름철은 건조해지지 않도록 주의하고 물을 듬뿍 준다. 피소 피해가 없도록 주의한다.

감태나무
녹나무과/낙엽소교목

[분포]
일본(혼슈 야마가타현·미야기현 이서, 시코쿠, 규슈)
한국, 중국

[꽃·열매 맺는 시기]
【꽃】4월~5월
【열매】-

[일조 조건]
반그늘~양지에서 키운다.

특성 및 식재 포인트
가을에는 노란색 잎이 아름다우며, 겨울에도 마른 잎이 떨어지지 않고 이듬해 봄까지 남아 있는 것이 특징이다. 가지나 잎을 비비면 향기로운 향기가 난다.

손질 및 관리 요령
독특한 향기가 있어 해충이 접근하지 않고 병해도 적다.

Category. 3

관목 (1.5m 이하)

사람의 얼굴과 가장 가까운 위치에 있으므로 오감으로 지각할 수 있는 꽃이나 열매가 달리는 나무나 향기가 좋은 나무를 신중히 선정한다. 또한 교목 및 소교목을 지지하는 식물로써 정원의 배경이 되는 식재층이므로 같은 종류의 식물을 군집 식재하여 통일감을 연출하기 위해서도 이용한다. 동양풍 또는 서양풍에 따라 수종이 바뀌기 때문에 정원의 분위기를 연출하기 위해서는 중요한 나무라고 할 수 있다. 그 외에도 건축물의 기초 부분이나 하부의 잡다한 것들을 감추는 역할도 한다.

일본가막살나무

인동과/상록관목

[분포]
일본(혼슈 야마구치현, 규슈, 오키나와)
대만

[꽃·열매 맺는 시기]
【꽃】4월~5월
【열매】10월~11월

[일조 조건]
반그늘~양지에서 키운다.

특성 및 식재 포인트
싱그럽게 반짝이는 큼지막한 잎이 매력인 상록수로, 반그늘에서 아름다운 수형을 유지한다. 봄에는 별을 아로새겨 놓은 듯한 백색 꽃이 피고, 가을에는 새빨간 열매가 달리는 등 사계절의 변화를 느낄 수 있다. 가지가 부드러운 것을 교목이나 소교목과 함께 사용한다. 내한성과 내서성이 있기는 하지만, 본래 따뜻한 지방에 자생하므로 한랭지에는 적합하지 않다.

손질 및 관리 요령
충해로는 진딧물, 깍지벌레의 발생에 주의한다. 잎벌레가 잎을 갉아먹기는 하지만 고사시키지는 않는다. 전정은 도장지, 교차지, 묵은 가지를 정리하는 정도만 하면 되므로 거의 손질을 하지 않아도 된다.

Bushes.

식나무
층층나무과 / 상록 관목

[분포]
일본(혼슈 미야기현 이남. 시코쿠, 규슈, 오키나와)

[꽃·열매 맺는 시기]
【꽃】 3월~5월
【열매】 -

[일조 조건]
반그늘~양지에서 키운다.

특성 및 식재 포인트
그늘에서 잘 자라고 내한성도 강하다. 식나무의 원종은 잡목과도 잘 어울리며 어슴푸레한 깊은 산 속의 운치가 느껴진다. 잎의 수를 줄여 줄기가 아름답게 보이게 한다.

손질 및 관리 요령
가지의 중간을 자르면 남은 가지가 말라죽으므로 반드시 가지의 밑동을 자른다.

우네도 딸기나무
진달래과 / 상록 관목

[분포]
남유럽
아일랜드

[꽃·열매 맺는 시기]
【꽃】 11월~12월
【열매】 11월~이듬해 2월

[일조 조건]
반그늘~양지에서 키운다.

특성 및 식재 포인트
상록성이며 겨울에 꽃이 피는 귀한 식물이다. 배수가 잘 되는 탄성 토양을 좋아한다. 남유럽이 원산지여서 그런지 어딘가 서양적인 분위기가 느껴진다.

손질 및 관리 요령
전정은 숨은 가지치기를 하여 통풍과 일조 환경을 개선하는 정도만 하면 된다. 여름철에는 건조해지지 않도록 주의해야 한다.

통탈목
두릅나무과 / 상록 관목

[분포]
중국(남부), 대만

[꽃·열매 맺는 시기]
【꽃】 11월~12월
【열매】 -

[일조 조건]
양지에서 키운다.

특성 및 식재 포인트
지름이 70cm나 되는 큰 잎이 특징으로 주변에 그림자를 드리워 다른 식물이 잘 자라지 않으므로 장소에 구애를 받는다. 햇빛이 잘 들고 습도가 높은 토양이 적합하다.

손질 및 관리 요령
겨울에 5℃ 이하의 기온이 이어지면 잎이 떨어진다. 포기가 지나치게 커지면 뿌리 근처에서 잘라내어 갱신한다.

은매화
도금양과 / 상록 관목

[분포]
지중해연안
중근동

[꽃·열매 맺는 시기]
【꽃】 5월~6월
【열매】 10월

[일조 조건]
반그늘~양지에서 키운다.

특성 및 식재 포인트
온난한 기후에 적합한 식물로, 내한성은 그다지 좋지 않다. 햇빛이 잘 들고 찬바람을 맞지 않는 중정이나 건물 쪽에 심으면 좋다.

손질 및 관리 요령
도장지가 자라므로 가지가 나온 위치에서 자른다. 전정 적기는 꽃이 진 직후이며, 특별한 병충해 걱정은 없다.

오모수
인동과 / 상록 관목

[분포]
일본(규슈 아마미오시마, 오키나와)
대만

[꽃·열매 맺는 시기]
【꽃】 3월~5월
【열매】 -

[일조 조건]
반그늘~양지에서 키운다.

특성 및 식재 포인트
추위에 약하므로 서리가 내리지 않는 장소에서 사용한다. 생장 속도가 느려서 수형이 잘 흐트러지지 않는다. 잎을 비비면 참깨 냄새와 비슷한 향기가 난다.

손질 및 관리 요령
생장 속도는 느리지만, 가지가 밀생하므로 정기적으로 전정을 하여 줄기가 깔끔하게 보이도록 한다.

Category. 3

히에말리스 동백나무 '세토시로'
차나무과/상록관목

[분포]
일본(시코쿠 서남부, 규슈, 오키나와)

[꽃·열매 맺는 시기]
【꽃】10월~이듬해 3월
【열매】-

[일조 조건]
반그늘에서 키운다.

특성 및 식재 포인트
히에말리스 동백나무의 흰 꽃 품종으로, 겨울에도 장기간에 걸쳐 꽃을 즐길 수 있다. 꽃은 송이가 작은 겹꽃이며 우아한 인상을 준다.

손질 및 관리 요령
봄 이후부터 차독나방 발생에 주의한다. 꽃이 진 직후에 전정을 한다.

오약
녹나무과/상록관목

[분포]
중국(중부) 원산

[꽃·열매 맺는 시기]
【꽃】4월
【열매】-

[일조 조건]
반그늘~양지에서 키운다.

특성 및 식재 포인트
반그늘과 따뜻한 장소에 적합한 관목으로 봄에 모여 피는 노란색의 작은 꽃과 다소 독특한 형태가 색다른 분위기를 자아내어 흥미롭다.

손질 및 관리 요령
자연 수형을 유지하기 위해서는 손질을 많이 하지 말고, 크게 키운다.

둥근잎다정큼
장미과/상록관목

[분포]
일본(혼슈 야마구치현, 시코쿠, 규슈)

[꽃·열매 맺는 시기]
【꽃】5월~6월
【열매】8월~9월

[일조 조건]
반그늘~양지에서 키운다.

특성 및 식재 포인트
가로수 등에 이용되는 가장 일반적인 관목의 한 종류이다. 다정큼나무의 변종으로, 잎은 둥근 타원형이며 광택이 있다. 그대로 두면 가지가 재미있는 형태로 자란다. 따뜻한 지방에 적합하다. 또한 해풍에 잘 견디고 그늘에도 강하며 사질토를 좋아하는 등 매우 튼튼하다. 향기가 좋고 매화와 비슷한 백색의 귀여운 꽃이 핀다. 분홍색 꽃 품종도 있다.

손질 및 관리 요령
생장 속도는 느리다. 특별히 손질할 필요는 없으며 가지가 얽히면 솎아내는 정도만 하면 된다. 잎에 반점이 생기는 병해가 있으나 심각한 병은 아니므로 미관이 신경 쓰인다면 반점이 생긴 잎을 제거해주면 된다.

Bushes.

넓은잎 브룬펠시아

가지과 / 상록 관목

[분포]
열대 아메리카 원산

[꽃·열매 맺는 시기]
【꽃】 6월~8월
【열매】 -

[일조 조건]
반그늘~양지에서 키운다.

특성 및 식재 포인트
보라색에서 흰색으로 변화하는 꽃이 특징으로 마치 2색 품종처럼 보여서 예쁘다. 꽃이 발산하는 달콤한 향기는 밤에 강해진다.

손질 및 관리 요령
양지를 좋아한다. 내한성이 다소 약한 편이므로 서리에 주의해야 한다.

시나몬 아왜나무

인동과 / 상록 관목

[분포]
지중해 연안 원산

[꽃·열매 맺는 시기]
【꽃】 4월~5월
【열매】 -

[일조 조건]
반그늘~양지에서 키운다.

특성 및 식재 포인트
짙은 녹색 잎이 인상적이며, 낮은 위치에 푸르름을 더하고 싶을 때 유용하다. 진달래를 대신하여 사용하기도 한다. 서양풍 정원에 잘 어울린다.

손질 및 관리 요령
움돋이, 밀생한 가지를 뿌리 근처에서 솎아낸다. 가지 끝은 짤막하게 자르지 않는다.

스키미아 야포니카

운향과 / 상록 관목

[분포]
일본(혼슈 간토 지방 이서, 시코쿠, 규슈)
대만(고지)

[꽃·열매 맺는 시기]
【꽃】 3월~5월
【열매】 -

[일조 조건]
반그늘~양지에서 키운다.

특성 및 식재 포인트
상록수 중에서는 추위에 강하고, 내음성도 있다. 10월경부터 달리는 빨간 봉오리와 흰 꽃은 겨우내 아름답게 피어 초봄까지 즐길 수 있다.

손질 및 관리 요령
병충해는 특별히 없으나, 너무 건조해지지 않도록 주의한다.

빌베리

진달래과 / 반상록성 관목

[분포]
북유럽 원산

[꽃·열매 맺는 시기]
【꽃】 4월~5월
【열매】 6월~8월

[일조 조건]
반그늘~양지에서 키운다.

특성 및 식재 포인트
블루베리보다 낮게 자라며, 작은 잎과 열매가 정원을 사랑스러운 분위기로 만들어준다. 한 그루로 열매를 맺는 과실과 단풍을 함께 즐길 수 있다. 햇볕과 산성 토양을 좋아한다.

손질 및 관리 요령
포기 밑동에서 가지가 나오므로 적당히 솎아내어 통풍이 잘되게 한다. 여름철에는 물을 충분히 준다.

아로니아 아르부티폴리아

장미과 / 낙엽관목

[분포]
북아메리카 원산

[꽃·열매 맺는 시기]
【꽃】 4월~5월
【열매】 10월~11월

[일조 조건]
반그늘~양지에서 키운다.

특성 및 식재 포인트
추위와 더위에 모두 강하고, 생육 장소를 가리지 않는다. 봄에는 꽃, 가을에는 단풍과 과실 등 다양하게 즐길 수 있는 품종이다. 잼도 만들 수 있다.

손질 및 관리 요령
과실 수확이 목적일 경우는 여름철에 건조해지지 않도록 주의한다.

Category. 3

수국 '오쿠타마코아지사이'

범위귀과/낙엽관목

[분포]
일본(혼슈 다마·지치부)

[꽃·열매 맺는 시기]
【꽃】 5월~6월
【열매】 –

[일조 조건]
반그늘에서 키운다.

특성 및 식재 포인트
꽃받침조각이 없고, 하늘색 또는 분홍색의 둥근 공 모양의 꽃이 특징이다. 키는 낮다. 중정이나 건물의 그림자 등에 의해 습기가 있는 곳이 최적의 장소이다.

손질 및 관리 요령
가을에는 꽃눈이 생기므로 꽃이 진 직후에 지나치게 자란 가지를 전정한다.

비브르눔 플레보트리쿰

인동과/낙엽관목

[분포]
일본(혼슈, 시코쿠, 규슈)

[꽃·열매 맺는 시기]
【꽃】 5월~6월
【열매】 9월~10월

[일조 조건]
반그늘~양지에서 키운다.

특성 및 식재 포인트
새잎~꽃~열매~단풍의 순서로 일 년 내내 즐길 수 있다. 생장 속도가 느리고 선이 가는 수형을 이루므로 소교목과 함께 사용하면 다루기 쉽다.

손질 및 관리 요령
여름에 건조해지지 않도록 주의하여 관수한다. 전정은 심하게 하지 말고 솎아내는 정도로만 한다.

이테아 비르기니카

에스칼로니아과/낙엽관목

[분포]
북아메리카 원산

[꽃·열매 맺는 시기]
【꽃】 5월~6월
【열매】 –

[일조 조건]
반그늘~양지에서 키운다.

특성 및 식재 포인트
양지에서 사용하면 초여름에 백색의 작은 꽃이 송이 형태로 피고, 단풍나무라고 불릴 만큼 단풍이 곱게 드는 등 사계절의 변화를 느낄 수 있는 아름다운 수목이다. 내한성, 내서성이 있으며 매우 강건해서 키우기 쉽다. 군집 식재를 해도 관상 가치가 높으나, 교목과 소교목 아래에 더해주어도 잘 어울린다.

손질 및 관리 요령
자연 그대로 두어도 어느 정도 수형이 잡히지만, 수세가 강하므로 움돋이, 도장지, 얽힌 가지를 밑동에서 잘라내어 깔끔하게 정돈한다. 병충해는 적다. 관수는 기본적으로 뿌리를 내린 후에는 하지 않아도 되나, 여름철에 건조가 심할 경우는 듬뿍 물을 준다.

Bushes.

조팝나무

장미과/낙엽관목

[분포]
중국 원산

[꽃·열매 맺는 시기]
【꽃】 3월~5월
【열매】 –

[일조 조건]
반그늘~양지에서 키운다.

특성 및 식재 포인트
봄에 튀긴 좁쌀 모양의 작은 백색 꽃이 만개한다. 어두운 색 벽에 백색 꽃이 돋보인다. 가는 가지가 바람에 아름답게 나부낀다. 양지에 적합하다.

손질 및 관리 요령
포기가 지나치게 커지면 포기의 밑동에서 솎아낸다. 여름에 꽃눈이 나오므로 여름 이후의 전정은 피한다.

일본조팝나무 '골드 플레임'

장미과/낙엽관목

[분포]
일본(혼슈, 시코쿠, 규슈)
한국, 중국

[꽃·열매 맺는 시기]
【꽃】 6월~8월
【열매】 –

[일조 조건]
반그늘~양지에서 키운다.

특성 및 식재 포인트
초여름에 수많은 작은 꽃이 가지 끝에 달린다. 꽃이 피지 않는 시기에도 봄부터 가을까지 잎의 색상 변화를 즐길 수 있다. 서양식 정원의 강조점으로 이용한다.

손질 및 관리 요령
포기가 지나치게 커지지 않도록 묵은 가지의 밑동을 솎아내어 수형을 정돈한다.

병아리꽃나무

장미과/낙엽관목

[분포]
일본(혼슈 오카야마현·히로시마현)
한국
중국(중부)

[꽃·열매 맺는 시기]
【꽃】 4월~5월
【열매】 9월~10월

[일조 조건]
반그늘~양지에서 키운다.

특성 및 식재 포인트
반그늘이 지는 장소에서 사용하면 아름다운 가지 모양을 형성한다. 꽃은 백색이고 전체적으로 황매화와 비슷하지만, 각각 다른 속으로 분류된다. 낙엽이 진 후에는 검은 열매가 돋보인다.

손질 및 관리 요령
도장지, 움돋이는 가지가 나온 위치에서 솎아내어 수형을 유지한다.

정금나무

진달래과/낙엽관목

[분포]
일본(홋카이도, 혼슈, 시코쿠, 규슈)
한국(남부)
중국

[꽃·열매 맺는 시기]
【꽃】 5월~6월
【열매】 8월~10월

[일조 조건]
반그늘~양지에서 키운다.

특성 및 식재 포인트
단풍이 예쁘고, 반그늘에서 아름답게 자란다. 새콤달콤한 열매는 일본의 블루베리라고도 불린다. 자유롭게 뻗은 가지가 잡목과도 잘 어울린다.

손질 및 관리 요령
뿌리가 너무 건조해지지 않도록 한다. 특히 이식할 때는 물을 듬뿍 준다.

고광나무 '벨 에투아르'

범의귀과/낙엽관목

[분포]
일본(혼슈, 시코쿠, 규슈)

[꽃·열매 맺는 시기]
【꽃】 6월
【열매】 –

[일조 조건]
반그늘~양지에서 키운다.

특성 및 식재 포인트
매화와 비슷한 백색 꽃이 많이 달리고, 가운데 부분이 붉은색으로 물든다. 꽃에 강한 향이 있으며 그 향기가 여름이 왔음을 알린다.

손질 및 관리 요령
전정은 꽃이 진 후에 한다. 묵은 가지를 밑동에서 솎아내어 자연스러운 수형을 유지한다. 특별한 병충해는 없다.

Category. 3

헬윙기아 야포니카
헬윙기아과/낙엽관목

[분포]
일본(홋카이도 남부, 혼슈, 시코쿠, 규슈)

[꽃·열매 맺는 시기]
【꽃】5월~6월
【열매】8월

[일조 조건]
반그늘~양지에서 키운다.

특성 및 식재 포인트
암수딴그루(수나무, 암나무)이며 봄에는 잎 중앙에 작은 꽃이 달리고, 수나무는 여름이 되면 같은 자리에 검은색 열매가 달리는 흥미로운 식물로 그늘과 습기를 좋아한다.

손질 및 관리 요령
자연 수형이 아름다우므로 교차지를 전정한다(가지의 중간이 아닌 분지한 위치에서 자른다).

박태기나무
콩과/낙엽관목

[분포]
중국 원산

[꽃·열매 맺는 시기]
【꽃】4월
【열매】-

[일조 조건]
반그늘~양지에서 키운다.

특성 및 식재 포인트
가지에 빽빽이 분홍색 꽃이 달리므로 정원의 강조점이 된다. 잎도 하트 모양이어서 사랑스럽고, 협과*가 달린다.

손질 및 관리 요령
콩과이므로 생육 상태가 나빠지는 것을 방지하기 위해 질소 성분이 적은 비료를 준다.

중국왕설구화 '스테릴레'
인동과/낙엽관목

[분포]
북아메리카 원산

[꽃·열매 맺는 시기]
【꽃】4월~5월
10월~11월
【열매】-

[일조 조건]
반그늘~양지에서 키운다.

특성 및 식재 포인트
강한 인상을 주는 15㎝ 정도의 둥근 공 모양의 꽃이 봄과 가을에 2회 개화한다. 꽃 색이 황록색에서 백색으로 변하는 모습도 흥미롭다.

손질 및 관리 요령
전정은 꽃이 진 직후가 적기이며 묵은 가지를 갱신한다. 낮은 나무이지만 하늘소 피해를 주의해야 한다.

포테르길라 몬티콜라
조록나무과/낙엽관목

[분포]
북아메리카 원산

[꽃·열매 맺는 시기]
【꽃】4월~5월
【열매】-

[일조 조건]
반그늘~양지에서 키운다.

특성 및 식재 포인트
흰색 솔처럼 생긴 꽃이 특징으로 꽃과 잎이 동시에 피고, 꽃이 많이 달리므로 개화 시기에는 관상 가치가 매우 높고 가을철 단풍도 아름답다.

손질 및 관리 요령
건조한 환경을 싫어하므로 관수를 충분히 한다. 생장 속도가 느리고, 수형은 저절로 균형이 잡힌다.

블루베리
진달래과/낙엽관목

[분포]
북아메리카(동북부) 원산

[꽃·열매 맺는 시기]
【꽃】4월~5월
【열매】7월~8월

[일조 조건]
반그늘~양지에서 키운다.

특성 및 식재 포인트
꽃과 단풍, 청자색 열매가 특징이다. 같은 계통 중에서 다른 품종을 두 그루 이상 가까이 식재하면 열매가 잘 열린다. 산성 토양을 좋아하므로 피트모스를 혼합하여 심는다.

손질 및 관리 요령
더위와 건조에 약하므로 여름철 극심한 수분 부족에 주의한다. 밀생한 가지를 속아내어 바람이 통하게 한다.

*협과(莢果): 1개의 심피가 성숙하며, 다 익으면 대개 2개의 열개선을 따라 벌어지는 열매.

Bushes.

삼지닥나무

팥꽃나무과 / 낙엽관목

[분포]
중국 원산

[꽃·열매 맺는 시기]
【꽃】 3월~4월
【열매】 –

[일조 조건]
반그늘~양지에서 키운다.

특성 및 식재 포인트
잎이 나기 전에 노란색이나 주황색 꽃이 가지 끝에 달리는 모습이 흥미롭고, 은은한 향기가 난다. 모든 가지가 3갈래로 갈라지는 특징이 있다. 반그늘에 심으면 생장 속도가 억제되어 키우기 쉽다. 수피의 섬유는 지폐 용지의 원료로 쓰이기 때문에 원산지인 중국에서는 길한 나무로 여긴다.

손질 및 관리 요령
과도한 관수에 의한 뿌리썩음병에 주의한다. 손질할 필요는 거의 없고, 저절로 수형이 잡힌다. 지나치게 자라면 분지한 위치에서 가지를 잘라내서 높이를 낮게 억제할 수 있다. 특별히 주의해야 할 병충해는 없다.

순비기나무 '푸르푸레아'

마편초과 / 낙엽관목

[분포]
일본(혼슈, 시코쿠, 규슈)
아시아(동남부)
남태평양
오스트레일리아

[꽃·열매 맺는 시기]
【꽃】 7월~9월
【열매】 –

[일조 조건]
반그늘~양지에서 키운다.

특성 및 식재 포인트
잎의 뒷면이 연보라색이며 부드러운 수형이 아름다운 관목으로 꽃의 수명이 짧아 잇따라 꽃이 피고 진다. 본래 해안가 식물로, 내염성이 강하다.

손질 및 관리 요령
불필요한 가지를 솎아내는 정도만 하면 되므로 거의 손질할 필요가 없다.

라일락

물푸레나무과 / 낙엽관목

[분포]
유럽(동남부) 원산

[꽃·열매 맺는 시기]
【꽃】 4월~5월
【열매】 –

[일조 조건]
반그늘에서 키운다.

특성 및 식재 포인트
서늘한 건조지를 좋아한다. 봄에 만개하는 보라색 꽃은 향수처럼 향기가 짙어 이 향기로 봄이 왔음을 느끼는 사람도 많다.

손질 및 관리 요령
건조한 환경을 좋아하므로 관수를 자주 하지 않아도 된다. 전정은 개화가 끝난 직후가 적기다.

Category. 4

벚나무 · 진달래

아름다운 꽃이 피는 대표적인 나무로 손꼽히는 두 종류다. 또한, 신록~개화~단풍~낙엽으로 계절의 정취를 느낄 수 있는 것도 사랑받는 이유라고 할 수 있을 것이다. 유지 및 관리를 위해 수시로 잘라 내거나 전정을 심하게 해서 수형이 흐트러진 가로수가 많은데, 자연 수형을 고려한 솎음 가지치기를 해줌으로써 본래의 아름다움을 발할 수 있다. 건축물 벽에 다채로운 꽃들이 돋보이게 식재하는 것이 포인트다.

수양올벚나무

장미과/낙엽교목

[분포]
일본(홋카이도 남부, 혼슈, 시코쿠, 규슈)

[꽃·열매 맺는 시기]
【꽃】3월~4월
【열매】-

[일조 조건]
양지에서 키운다.

특성 및 식재 포인트
수양올벚나무는 백색 꽃인데, 분홍색 꽃이 피는 '펜둘라 로세아'나 '플레나 로세아'와 같은 품종도 있다. 한 그루만 있어도 한 폭의 그림 같은 존재이며, 한쪽으로만 늘어지는 수형은 다른 수목과 조합하여 혼식할 수도 있다. 배경의 벽이 짙은 색이면 꽃이 한층 더 아름답게 돋보인다. 왕벚나무보다 조금 일찍 개화가 시작된다. 일본에서는 가지가 실처럼 아래로 처지는 모습 때문에 실벚나무라고 불리기도 한다.

손질 및 관리 요령
통풍이 잘되도록 불필요한 가지는 제거하고, 가지와 잎의 양도 조절해주면 좋다. 이때 아래를 향해 나온 가지는 제거하고, 위를 향해 뻗은 가지를 남겨 우아하고 아름다운 수형으로 키웠으면 한다. 엄지 굵기 정도의 가지를 자른 면에는 상처도포제를 발라 세균의 침입을 막는다.

Sakura and Azalea.

벚나무 '오사카후유자쿠라'
장미과/낙엽교목

[분포]
원예품종

[꽃·열매 맺는 시기]
【꽃】 10월~이듬해 2월
【열매】 –

[일조 조건]
양지에서 키운다.

특성 및 식재 포인트
이름의 유래는 불분명하나, 벚나무 '코부쿠자쿠라'에 가까운 품종. 가을과 봄에 2회, 백색의 작은 꽃이 피는 이른 개화 품종이다.

손질 및 관리 요령
자연스럽게 크게 키우고, 수형을 흐트러트리는 가지를 전정한다.

춘추벚나무 '아우툼날리스'
장미과/낙엽소교목

[분포]
원예품종

[꽃·열매 맺는 시기]
【꽃】 10월~12월, 이듬해 4월
【열매】 –

[일조 조건]
양지에서 키운다.

특성 및 식재 포인트
1년 중 가을과 봄에 2회 개화하는 벚나무. 가을인 10월부터 12월까지 순차적으로 피는 모습은 겨울 정취가 물씬 풍긴다.

손질 및 관리 요령
겹친 가지나 말라죽은 가지를 전정해주어 빛과 바람이 잘 통하도록 한다.

산벚나무
장미과/낙엽교목

[분포]
일본(혼슈, 시코쿠, 규슈)
한국, 중국

[꽃·열매 맺는 시기]
【꽃】 4월~5월
【열매】 –

[일조 조건]
양지에서 키운다.

특성 및 식재 포인트
오래전부터 친숙한 봄소식을 알리는 대표적인 벚나무. 꽃과 잎이 동시에 달린다. 벚나무 중에서도 수피가 아름다운 종류로, 그 형태를 살려 건축재나 가바 세공이라고 하는 벚나무 껍질을 이용한 공예품 재료로도 이용된다. 야생 벚꽃이어서 잡목 정원에 잘 어울린다. 일본에서는 나라현의 요시노야마, 교토의 아라시야마가 산벚나무 명소로 유명하다.

손질 및 관리 요령
나무를 건강하게 키우는 것이 병충해 예방의 기본이 된다. 속음 가지치기로 수형을 정돈하여 빛과 바람이 잘 통하게 하는 것이 중요하다. 해충은 조기에 대처하면 피해를 줄일 수 있으므로 평소에 줄기와 잎을 자세히 관찰한다.

Category. 4

알펜로제 P.J 메지트
진달래과/상록 관목

[분포]
일본 원산

[꽃·열매 맺는 시기]
【꽃】 4월
【열매】 -

[일조 조건]
반그늘~양지에서 키운다.

특성 및 식재 포인트
산진달래와 비슷한 소형 품종. 잎이 짙은 보라색이며 전체적으로 차분한 분위기를 지니고 있다.

손질 및 관리 요령
튼튼하고 추위에도 강해 키우기 쉽다. 서향 햇빛이 들지 않고 배수가 잘되는 곳이 최적의 장소다.

쿠루메철쭉(코초노마이)
진달래과/상록 관목

[분포]
일본 원산

[꽃·열매 맺는 시기]
【꽃】 4월~5월
【열매】 -

[일조 조건]
양지에서 키운다.

특성 및 식재 포인트
보랏빛이 감도는 분홍색의 작은 꽃이 피며 나비가 날아다니는 듯이 아름답다. 배수성이 좋은 토양에 얕게 심는 것이 기본이다.

손질 및 관리 요령
내한성이 있다. 뿌리는 과습한 환경에는 약하므로 주의한다.

스카브룸철쭉
진달래과/상록 관목

[분포]
일본(규슈 아마미 제도, 오키나와)

[꽃·열매 맺는 시기]
【꽃】 3월~6월
【열매】 -

[일조 조건]
반그늘~양지에서 키운다.

특성 및 식재 포인트
신록의 계절에 피는 진홍색의 커다란 꽃이 특징적이고, 수고는 1~3m 정도. 산성 토양을 좋아한다. 눈철쭉의 모체이기도 하다.

손질 및 관리 요령
전정은 꽃이 진 직후. 내음성이 있으나, 되도록 햇빛을 받게 한다. 극심한 건조 상태가 되지 않도록 관수한다.

눈철쭉
진달래과/상록 관목

[분포]
일본(규슈 나가사키현 히라도)

[꽃·열매 맺는 시기]
【꽃】 4월~5월
【열매】 -

[일조 조건]
반그늘~양지에서 키운다.

특성 및 식재 포인트
따뜻한 지역에 적합하나, 비교적 추위에도 강하다. 다양한 장소에 이용할 수 있다. 다루기 쉬운 철쭉이다.

손질 및 관리 요령
깎아 다듬기로 표면을 촘촘하게 만드는 것이 아니고, 가지를 속아내어 자연 수형을 만든다.

철쭉 '호리우치칸자키'
진달래과/상록 관목

[분포]
일본 원산

[꽃·열매 맺는 시기]
【꽃】 3월~4월
【열매】 -

[일조 조건]
반그늘~양지에서 키운다.

특성 및 식재 포인트
이른 개화 품종인 대륜화는 강렬한 진분홍색이므로 화려하고 눈에 잘 띈다. 비교적 추위에 강해서 다루기 쉽다. 강인함이 느껴지는 아름다운 수형도 매력적이다.

손질 및 관리 요령
밀생한 가지를 속아내어 자연 수형을 유지하면 바람이 잘 통해서 아름다운 수형과 건강이 유지된다.

Sakura and Azalea.

무도철쭉 '혼키리시마'
진달래과/상록 관목

[분포]
일본(규슈 가고시마현 기리시마야마)

[꽃·열매 맺는 시기]
【꽃】 4월~5월
【열매】 -

[일조 조건]
반그늘에서 키운다.

특성 및 식재 포인트
불타오르는 듯한 진홍색 꽃이 특징으로 만개할 때는 시선을 사로잡으며 한층 더 돋보인다. 상록성 철쭉 중에서는 가장 빨리 피는 품종이다.

손질 및 관리 요령
뿌리는 과습에 약하므로 지나친 관수에 주의한다. 서향 햇빛을 피해서 심는다.

로도덴드론 메테르니치 혼도엔세
진달래과/상록 관목

[분포]
일본(혼슈 도야마현·나가노현·아이치현 이서, 시코쿠)

[꽃·열매 맺는 시기]
【꽃】 5월
【열매】 -

[일조 조건]
반그늘~양지에서 키운다.

특성 및 식재 포인트
진달래속 중에서 가장 화려한 꽃이 달린다. 서향 햇빛과 북풍을 피할 수 있는 습도가 높은 중정이나 교목 근처가 최적의 장소다. 양토질의 산성 토양이 가장 활착이 잘 된다.

손질 및 관리 요령
꽃이 진 후에 꽃자루를 따서 제거한다. 그다지 전정할 필요는 없다. 여름에는 건조하지 않게 물을 충분히 준다.

단풍철쭉
진달래과/낙엽소교목

[분포]
일본(혼슈 시즈오카현·아이치현·기후현·기이 반도, 시코쿠 고치현·도쿠시마현, 규슈 가고시마현)

[꽃·열매 맺는 시기]
【꽃】 4월~5월
【열매】 -

[일조 조건]
반그늘~양지에서 키운다.

특성 및 식재 포인트
항아리 모양의 작은 흰색 꽃이 아래로 늘어지며 많이 달린다. 단풍도 매우 화려한데, 서향 햇빛 등 햇빛이 지나치게 강하면 예쁘게 물들지 않는다.

손질 및 관리 요령
여름에 너무 건조해지지 않도록 주의한다. 전정은 가지를 분지 지점에서 잘라 솎아내는 정도로만 한다.

엥키안투스 수브세실리스
진달래과/낙엽 관목

[분포]
일본(혼슈 주부 지방 이동)

[꽃·열매 맺는 시기]
【꽃】 5월~6월
【열매】 -

[일조 조건]
반그늘~양지에서 키운다.

특성 및 식재 포인트
반그늘에 적합하다. 잎 뒷면에 기름을 바른 듯한 광택이 있고, 단풍이 매우 아름답다. 꽃은 아래로 늘어진 항아리 모양이고, 색은 연녹색이다.

손질 및 관리 요령
흙이 마르면 물을 듬뿍 준다. 전정은 가지를 분지 지점에서 잘라 솎아내는 정도로만 한다.

진달래
진달래과/낙엽 관목

[분포]
일본(혼슈 오카야마현 이서, 시코쿠 북부, 규슈 북부·쓰시마)
한국

[꽃·열매 맺는 시기]
【꽃】 4월~5월
【열매】 -

[일조 조건]
양지에서 키운다.

특성 및 식재 포인트
만병초와 같은 속에 속하며, 둥근 형태의 분홍색 계열의 꽃이 이른 봄에 핀다. 봄소식을 알리는 꽃 중 하나다. 단독 식재보다 군집 식재를 권한다.

손질 및 관리 요령
햇빛을 좋아하고 건조지에도 잘 견디지만, 적당한 관수는 필요하다.

Category. 4

엑스버리 아잘레아

진달래과/낙엽관목

[분포]
영국 원산

[꽃·열매 맺는 시기]
【꽃】 4월~5월
【열매】 -

[일조 조건]
반그늘에서 키운다.

특성 및 식재 포인트
서양 철쭉이라고도 불리며, 서양식 분위기에 잘 어울린다. 꽃 색은 흰색, 분홍색, 빨간색, 노란색, 주황색 등 다채롭다. 노란색 꽃은 진달래과 식물에서는 보기 드문 색상이며 만개하면 매우 아름답다. 고온다습한 환경을 싫어하므로 배수가 잘되는 반그늘이 진 곳에 서향 햇빛을 피해서 심는다.

손질 및 관리 요령
뿌리는 고온다습한 환경을 싫어하지만, 건조한 환경에도 주의해야 한다. 깎아 다듬기는 하지 말고 도장지를 잘라내는 정도로만 전정하여 자연 수형을 유지한다. 꽃이 진 후 서둘러 꽃자루를 따주면 이듬해 봄에 꽃이 잘 달린다. 해충은 진드기와 진달래방패벌레의 발생에 주의한다.

로도덴드론 쿠인쿠에폴리움

진달래과/낙엽관목

[분포]
일본(혼슈 이와테현 이남의 태평양측, 시코쿠)

[꽃·열매 맺는 시기]
【꽃】 5월~6월
【열매】 -

[일조 조건]
반그늘~양지에서 키운다.

특성 및 식재 포인트
관목으로 이용되지만, 큰 나무는 수고가 5~6m나 된다. 세월이 지나면 소나무처럼 수피가 거칠어져 청초한 백색 꽃이 돋보인다.

손질 및 관리 요령
직사광선을 피해 되도록 시원한 환경에서 키운다.

로도덴드론 세미바르바툼

진달래과/낙엽관목

[분포]
일본(홋카이도 남부, 혼슈, 시코쿠, 규슈)

[꽃·열매 맺는 시기]
【꽃】 6월~7월
【열매】 -

[일조 조건]
반그늘~양지에서 키운다.

특성 및 식재 포인트
가지 끝이 가늘어 섬세한 수형을 이룬다. 꽃은 눈에 띄지 않으나, 다른 철쭉과는 달리 매화꽃과 비슷한 보기 드문 꽃 모양을 하고 있다.

손질 및 관리 요령
거의 손질할 필요가 없으나, 여름철 건조에는 주의해야 한다.

Sakura and Azalea.

사쓰마 퍼진철쭉
진달래과/낙엽관목

[분포]
일본(규슈 가고시마현)

[꽃·열매 맺는 시기]
【꽃】3월
【열매】–

[일조 조건]
반그늘~양지에서 키운다.

특성 및 식재 포인트
가장 빨리 꽃이 피는 철쭉. 꽃이 적은 계절에 강렬한 홍자색 꽃은 눈에 잘 띈다. 잎은 두껍고 표면에 광택이 있어 초록빛이 예쁘다.

손질 및 관리 요령
내한성, 내서성이 있고 일조에도 비교적 강하므로 키우기 쉽다.

철쭉 '하루이치반'
진달래과/반낙엽성 관목

[분포]
일본 원산

[꽃·열매 맺는 시기]
【꽃】3월~4월
【열매】–

[일조 조건]
반그늘~양지에서 키운다.

특성 및 식재 포인트
일반 진달래보다 빨리 개화하고 더위에도 강해서 키우기 쉬운 품종이다. 이른 봄에 피는 화사한 분홍색 꽃이 시선을 사로잡는다.

손질 및 관리 요령
이식 후와 여름철에는 뿌리가 건조해지지 않도록 주의한다. 가지가 밀생하면 속아내어 바람이 통하게 한다.

캠퍼철쭉
진달래과/반낙엽성 관목

[분포]
일본(홋카이도 남부, 혼슈, 시코쿠, 규슈)

[꽃·열매 맺는 시기]
【꽃】4월~6월
【열매】–

[일조 조건]
반그늘에서 키운다.

특성 및 식재 포인트
오래전부터 친숙한 야생 철쭉으로, 섬세한 가지와 잎이 교목의 굵은 줄기와 대조를 이룬다. 큰 나무는 수고가 3~4m나 되며, 장소에 따라서는 꽃나무의 주역으로도 사용할 수 있다. 주홍색 꽃은 동서양 모든 분위기와 어울린다. 늦봄부터 초여름에 걸쳐 각지의 산을 물들인다.

손질 및 관리 요령
양지 또는 반그늘의 배수가 잘되는 장소에서는 거의 손질할 필요가 없다. 가지 끝에 달리는 하추엽은 춘엽보다 작고 월동을 한다. 정기적으로 밀생한 가지를 잘라내어 줄기의 라인이 보이게 하면 자연 수형을 즐길 수 있다.

Category. 5

꽃 · 지피식물

대지 전체를 하나의 경관으로 보이게 하며 정원과 건축물의 하부를 장식하는 토대가 된다. 일 년 내내 푸르른 다년초를 배경 식물로 이용하고, 화려한 색상의 일년초나 원예품종을 강조점으로 넣어, 이끼로 완숙미를 연출한다. 단조로운 배치가 되지 않도록 키가 큰 식물과 낮은 식물을 조합하고, 각각의 꽃과 잎의 표정이 한눈에 보이도록 배치한다. 거주자가 스스로 좋아하는 꽃을 심고 싶어질 만큼 즐거운 정원을 목표로 하자.

아가판서스

백합과/상록다년초

[분포]
남아메리카

[꽃·열매 맺는 시기]
【꽃】6월~8월
【열매】-

[일조 조건]
반그늘~양지에서 키운다.

특성 및 식재 포인트
혹독한 더위 속에서도 길게 뻗은 줄기 끝에 청초한 꽃이 가득 핀다. 강건한 성질이 있어 한 번 이식하면 별로 손질할 필요가 없다. 양지를 좋아하지만, 오전 중에 햇빛을 듬뿍 받으면 충분히 잘 자라고, 해마다 포기가 커진다. 품종도 많고 꽃 색도 흰색, 보라색, 연보라색, 연분홍색 등이 있다.

손질 및 관리 요령
심은 후 그대로 두어도 잘 자란다. 뿌리가 다육질이어서 수분을 머금고 있으므로 특별히 관수를 할 필요도 없다. 수년이 지나 포기가 지나치게 커지면 꽃이 잘 달리지 않으므로 포기나누기를 한다. 꽃이 진 후에는 꽃대를 잘라주어 씨에 영양분을 빼앗기지 않도록 한다. 누런 잎은 제거한다.

Flowers and Undergrowth.

아칸투스
쥐꼬리망초과/상록다년초

[분포]
열대 아시아, 아프리카
중앙아메리카
브라질 등

[꽃·열매 맺는 시기]
【꽃】6월~8월
【열매】-

[일조 조건]
반그늘~양지에서 키운다.

특성 및 식재 포인트
대형 숙근초. 건축물 장식의 모티브가 될 만큼 큰 잎도, 사람 키 정도로 솟아오르는 웅대한 꽃이삭도 다른 식물에서는 볼 수 없는 개성을 지녔다.

손질 및 관리 요령
햇볕과 적당한 습기를 좋아하므로 흙 표면이 마르면 물을 준다. 꽃이 진 후에 꽃대를 밑동에서 잘라낸다.

아주가 '초콜릿 칩'
꿀풀과/상록다년초

[분포]
유럽 원산

[꽃·열매 맺는 시기]
【꽃】4월~6월
【열매】-

[일조 조건]
반그늘~양지에서 키운다.

특성 및 식재 포인트
내음성이 강하고, 음지에서 양지까지 장소를 가리지 않고 사용할 수 있다. 진보라색 잎이 아름답다. 땅 위로 길게 뻗어 나가므로 배경이 되는 지피 식물로 사용하기 가장 좋다.

손질 및 관리 요령
포기나누기를 하여 바람이 잘 통하게 한다. 개화가 끝나면 꽃대를 밑동에서 잘라내고 포기를 남겨둔다.

이리스 웅귀쿨라리스
붓꽃과/상록다년초

[분포]
지중해 연안 지역 원산

[꽃·열매 맺는 시기]
【꽃】1월~3월
【열매】-

[일조 조건]
양지에서 키운다.

특성 및 식재 포인트
꽃이 적은 겨울에 청보라색의 화사한 꽃이 피는 붓꽃으로 잎 그림자에 숨어 피듯이 꽃이 달린다. 군생하면 관상 가치가 높다.

손질 및 관리 요령
다소 건조한 환경에서 자라므로 관수는 많이 하지 않는다. 꽃이 잘 보이지 않는 경우에는 잎을 속아낸다.

헬레보루스 오리엔탈리스
미나리아재비과/상록다년초

[분포]
유럽
서아시아 원산

[꽃·열매 맺는 시기]
【꽃】2월~4월
【열매】-

[일조 조건]
반그늘에서 키운다.

특성 및 식재 포인트
꽃이 적은 겨울철에는 귀중한 존재다. 화려하지는 않지만 청초한 꽃이 어떠한 분위기와도 잘 어우러진다. 겹꽃 품종도 있다.

손질 및 관리 요령
손상된 꽃이나 잎을 잘라낸다. 12월경부터 묵은 잎을 제거하여 햇빛이 잘 들게 한다.

로만드라 롱기폴리아 '타니카'
로만드라과/상록다년초

[분포]
오스트레일리아 원산

[꽃·열매 맺는 시기]
【꽃】5월
【열매】-

[일조 조건]
반그늘~양지에서 키운다.

특성 및 식재 포인트
건조한 환경에 강해 자연 강우량으로도 육성할 수 있다. 높이는 60㎝ 정도로 일정하게 유지된다. 하부를 가릴 때, 바위 정원이나 건조지 등 이용 방법이 다양하다.

손질 및 관리 요령
묵은 잎을 잘라내어 정리해주는 정도면 되므로 거의 손질할 필요가 없다.

A-31

Category. 5

타임 롱기카울리스
꿀풀과 / 상록다년초

[분포]
지중해 연안~동아시아

[꽃·열매 맺는 시기]
【꽃】 4월~5월
【열매】 -

[일조 조건]
반그늘~양지에서 키운다.

특성 및 식재 포인트
물을 주었을 때나 잎을 밟았을 때 은은한 향기가 감도는 포복성 허브로 현관 주변 등 사람과 바람이 지나가는 장소에 심으면 향기와 더불어 일제히 핀 꽃을 방문객도 즐길 수 있다. 번식력이 강해서 융단 형태로 초록빛이 펼쳐진다. 추위와 건조에 강해 키우기 쉽다.

손질 및 관리 요령
포기가 무성해져 통풍이 잘되지 않으면 잎이 물러 죽는 경우가 있다. 지나치게 무성해지지 않도록 정기적으로 베어준다. 일단 뿌리를 내리면 관수는 거의 필요 없고, 장마 전과 겨울에 베어내는 정도이므로 손질이 간단하다.

상록삼지구엽초
매자나무과 / 상록다년초

[분포]
일본(혼슈 주부 지방 이서)

[꽃·열매 맺는 시기]
【꽃】 4월~5월
【열매】 -

[일조 조건]
반그늘에서 키운다.

특성 및 식재 포인트
배의 닻처럼 생긴 꽃이 특징. 추워지면 잎에 단풍이 든다. 직사광선에 노출되지 않는 반그늘이 최적의 장소다.

손질 및 관리 요령
건조에 약하므로 수분이 마르지 않게 한다. 손상된 잎은 적절히 잘라낸다.

아스터 니티두스 '후지무스메'
국화과 / 상록다년초

[분포]
중국 원산

[꽃·열매 맺는 시기]
【꽃】 4월~5월
【열매】 -

[일조 조건]
반그늘~양지에서 키운다.

특성 및 식재 포인트
가지 뻗음이 왕성해 피복 식물처럼 퍼져 나간다. 덩굴 형태로 뻗어 나가므로 정원에서는 다소 높낮이가 있는 넓은 곳이 최적의 장소다.

손질 및 관리 요령
밀생하면 속아내고, 지나치게 길게 자란 가지는 잘라낸다. 너무 건조해지지 않도록 주의한다.

Flowers and Undergrowth.

매화헐떡이풀

범의귀과 / 상록다년초

[분포]
북아메리카 원산

[꽃·열매 맺는 시기]
【꽃】 4월~6월
【열매】 -

[일조 조건]
반그늘에서 키운다.

특성 및 식재 포인트
반그늘이 최적의 장소다. 일조량이 적어도 꽃대가 올라와 연분홍색 꽃이 핀다. 상록성이며 단풍잎처럼 깊게 갈라진 잎은 관상 가치가 높고, 고온다습한 환경에도 잘 견디는 튼튼하고 뛰어난 성질을 지녔다. 서양식 정원에 잘 어울린다.

손질 및 관리 요령
튼튼한 식물이므로 심어놓기만 해도 된다. 꽃이 진 후 꽃대와 묵은 잎을 제거해주기만 하면 된다. 겨울 추위에도 강하고, 병충해 걱정도 특별히 없다. 단, 여름철 건조에는 주의해야 하므로 적절히 관수를 한다.

상록둥굴레

백합과 / 상록다년초

[분포]
중국 원산

[꽃·열매 맺는 시기]
【꽃】 4월~6월
【열매】 -

[일조 조건]
반그늘~양지에서 키운다.

특성 및 식재 포인트
양지는 피해서 심는다. 내음성이 있어 햇빛이 거의 들지 않는 중정 등에서 생육할 수 있는 몇 안 되는 식물이다. 길게 높이 자라는 품종이므로 식재 공간 안쪽에 심어도 존재감이 있다. 백색 꽃이 가지런히 아래로 늘어지며 달린다. 진황정보다 잎이 두껍다. 상록성이므로 겨울에도 풍요로운 녹음을 느낄 수 있다.

손질 및 관리 요령
특별히 손질할 필요는 없고, 매년 증식하므로 포기가 많아져서 밀생하거나 잎 색이 좋지 않을 경우에는 솎아내어 통풍이 잘되게 해주면 줄기가 아름답게 올라오는 모습을 볼 수 있다. 겨울에는 서리를 맞으면 잎이 손상되므로 주의한다.

Category. 5

상록윤판나물

백합과/상록다년초

[분포]
중국 원산

[꽃·열매 맺는 시기]
【꽃】 4월~5월
【열매】 –

[일조 조건]
반그늘에서 키운다.

특성 및 식재 포인트
반그늘에서 잘 자라는 튼튼한 식물. 줄기의 길이가 1m 정도로 자라는 경우도 있는데, 유연하게 서 있는 모습이 매력적이다. 겨울에는 잎에 단풍이 든다.

손질 및 관리 요령
지나치게 길게 자라서 쓰러진 것을 속아내고, 흙이 마르면 물을 충분히 준다.

홍지네고사리

면마과/상록다년초

[분포]
일본(혼슈, 시코쿠, 규슈, 오키나와)

[꽃·열매 맺는 시기]
【꽃】 –
【열매】 –

[일조 조건]
반그늘~양지에서 키운다.

특성 및 식재 포인트
어린잎은 홍자색이고 서서히 녹색으로 변한다. 돌이나 수목의 줄기 하부에 사용하면 서로의 아름다움이 돋보이며 동양적인 산의 분위기가 잘 나타난다.

손질 및 관리 요령
병충해 우려도 없고, 비료도 필요 없다. 말라죽은 잎을 잘라내면 새잎이 나온다.

맥문동 '기간테아'

백합과/상록다년초

[분포]
–

[꽃·열매 맺는 시기]
【꽃】 8월~9월
【열매】 –

[일조 조건]
반그늘~양지에서 키운다.

특성 및 식재 포인트
상록성이며 잎이 길쭉하고 키가 큰 품종이다. 잎의 양이 풍성하므로 하부에서 직접 보이고 싶지 않은 것을 가릴 때도 사용한다. 또한 양지, 반그늘, 건조지 등 장소에 구애받지 않고 식재할 수 있는 것도 매력적이다. 내한성이 강하고, 튼튼해서 키우기 쉽다. 꽃은 그다지 눈에 띄지 않으나 포기의 밑동에서 꽃대가 올라와 수상형으로 꽃이 핀다.

손질 및 관리 요령
손질이 필요 없는 지피식물로 건조에 강해 관수도 거의 필요 없다. 새순이 나올 무렵에 미관을 해치는 잎이나 묵은 잎을 잘라내어 정돈한다. 포기가 지나치게 커지면 포기나누기를 한다.

Flowers and Undergrowth.

누운방패꽃 '조지아 블루'
현삼과/상록다년초

[분포]
유럽 원산

[꽃·열매 맺는 시기]
【꽃】3월~5월
【열매】–

[일조 조건]
반그늘~양지에서 키운다.

특성 및 식재 포인트
기온에 따라 변화하는 잎 색과 청색 꽃의 대비가 아름답다. 더위와 추위에 모두 강하고 생육 환경을 가리지 않는다.

손질 및 관리 요령
포복성 줄기와 잎은 쉽게 무르기 때문에 밀생하면 솎아 내어 바람이 잘 통하게 한다.

버들잎개야광나무 '오텀 파이어'
장미과/상록관목

[분포]
중국 서남부~히말라야 원산

[꽃·열매 맺는 시기]
【꽃】5월~6월
【열매】10월~이듬해 1월

[일조 조건]
양지에서 키운다.

특성 및 식재 포인트
땅 위로 길게 뻗으며 자라는 특성을 살려 담장 위에서 늘어트리거나 바위 정원에 사용한다. 늦가을에 붉게 물드는 열매와 단풍이 특히 아름답다.

손질 및 관리 요령
추위나 더위, 건조에 강하며 강인하다. 지나치게 자란 가지는 분지 지점에서 바짝 잘라 자연스러운 수형을 만든다.

바위잔대
초롱꽃과/다년초

[분포]
일본(혼슈 간토 지방·주부 지방)

[꽃·열매 맺는 시기]
【꽃】9월~10월
【열매】–

[일조 조건]
반그늘에서 키운다.

특성 및 식재 포인트
햇빛은 아침 해가 드는 정도에, 여름에는 그늘이 지는 장소에 심는다. 보라색 종 모양 꽃이 아래로 늘어지며 달린다.

손질 및 관리 요령
물은 잎 위쪽에서 주고 매일 듬뿍 관수한다(겨울철에는 건조해지지 않을 정도면 된다).

에키나시아
국화과/다년초

[분포]
북아메리카 동부 원산

[꽃·열매 맺는 시기]
【꽃】6월~10월
【열매】–

[일조 조건]
양지에서 키운다.

특성 및 식재 포인트
형태가 뚜렷한 꽃은 한 포기만 있어도 존재감이 있어 강조점으로 가장 적합하다. 서양적인 분위기도 있다. 또한 개화 기간도 길고, 색과 형태도 다양하게 즐길 수 있다. 다습한 환경을 싫어한다.

손질 및 관리 요령
햇빛을 좋아하고 매우 강건하다. 건조할 때 이외는 관수는 그다지 필요 없고, 시비도 최소한으로 한다.

관중
면마과/다년초

[분포]
일본(홋카이도, 혼슈, 시코쿠)

[꽃·열매 맺는 시기]
【꽃】–
【열매】–

[일조 조건]
반그늘에서 키운다.

특성 및 식재 포인트
조금 큰 대형 양치식물이며 식재 공간의 약간 안쪽에 심으면 효과적이다. 겨울철은 잎이 없는 상태로 월동한다. 종자가 아닌 포자로 번식한다.

손질 및 관리 요령
아래로 처진 오래된 잎을 제거한다. 습도가 적당한 장소를 좋아하므로 건조해지지 않도록 주의한다.

Category. 5

층꽃나무 '스털링 실버'
마편초과/다년초

[분포]
유럽, 아시아

[꽃·열매 맺는 시기]
【꽃】5월~10월
【열매】-

[일조 조건]
양지에서 키운다.

특성 및 식재 포인트
여름에 은색 잎 위에 청량감이 느껴지는 청색 꽃이 핀다. 서양식 정원에 잘 어울린다. 겨울은 지상부가 말라죽고, 봄에 싹을 틔운다. 배수가 잘되는 양지에 심는다.

손질 및 관리 요령
흙이 건조해지지 않도록 관수를 한다. 겨울에는 가지와 잎이 말라죽으므로 포기의 밑동을 베어낸다.

콘콜러 달맞이글라디올러스
붓꽃과/다년초

[분포]
남아프리카 원산

[꽃·열매 맺는 시기]
【꽃】3월~5월
【열매】-

[일조 조건]
양지에서 키운다.

특성 및 식재 포인트
철사처럼 가녀린 줄기에 담황색 빛이 감도는 우아하고 아름다운 꽃이 달린다. 군집 식재하면 개화기에 매우 아름답다. 밤에 향기를 풍기는 것도 매력적이다. 약알칼리성 용토를 좋아한다.

손질 및 관리 요령
새순에 진딧물이나 응애가 발생하면 약제로 방제한다. 부러진 줄기는 잘라내어 정돈한다.

크로코스미아 '조지 데이비슨'
붓꽃과/다년초

[분포]
남아프리카 원산

[꽃·열매 맺는 시기]
【꽃】6월~8월
【열매】-

[일조 조건]
양지에서 키운다.

특성 및 식재 포인트
여름에 산뜻한 노란색 꽃이 핀다. 튼튼한 숙근초로, 번식력도 왕성하므로 다양한 환경에 적응할 수 있다.

손질 및 관리 요령
관수는 거의 하지 않아도 된다. 잘 번식하므로 적절히 솎아 내거나 포기나누기를 해준다.

솔잎금계국 '문빔'
국화과/다년초

[분포]
북아메리카(캘리포니아) 원산

[꽃·열매 맺는 시기]
【꽃】5월~10월
【열매】-

[일조 조건]
양지에서 키운다.

특성 및 식재 포인트
밝은 노란색의 가녀린 아름다운 꽃이 초여름부터 가을까지 핀다. 내한성, 내서성이 있어서 튼튼하다.

손질 및 관리 요령
겉흙이 마르면 물을 듬뿍 준다. 꽃이 진 후에 줄기를 잘라낸다.

해오라비난초
난초과/다년초

[분포]
일본(혼슈, 시코쿠, 규슈)
한국, 대만

[꽃·열매 맺는 시기]
【꽃】7월~9월
【열매】-

[일조 조건]
반그늘~양지에서 키운다.

특성 및 식재 포인트
일본 고유의 난으로, 습지에 생육한다. 백로와 비슷한 모양의 꽃이 특징이며, 겨울에는 구근만 남아 월동한다.

손질 및 관리 요령
정원에서 키울 경우는 항상 수분이 마르지 않게 한다. 말라죽은 꽃과 잎은 제거한다.

Flowers and Undergrowth.

비단잔디
벼과／다년초

[분포]
일본(혼슈~규슈)
중국, 동남아시아

[꽃·열매 맺는 시기]
【꽃】-
【열매】-

[일조 조건]
통풍이 잘 되는 양지에서 키운다.

특성 및 식재 포인트
고온다습한 기후에서도 아름답고 치밀한 잔디밭을 만들 수 있다. 깎아주면 잎이 가늘고 치밀해진다. 햇빛이 충분히 들고 통풍이 잘되는 공간에 경계 분리재를 이용하여 완만한 커브를 그리며 경계를 만들어 이식한다. 조금만 신경 쓰면 아이들이 안전하게 놀고 뒹굴 수 있는 정원 테라스에 가장 적합한 지피식물이 된다.

손질 및 관리 요령
잔디 깎기의 기준은 5~9월의 생장기는 20mm 전후 높이로 한 달에 4회 정도, 봄과 가을은 한 달에 2회 정도, 시비는 뿌리가 나오기 시작하는 5월과 휴면 전인 9월에 적당량을 주고, 소독이나 살충을 동일한 시기에 하면 효과적이다. 상태에 따라서는 생장기에 배토를 한다.

대상화
미나리아재비과／다년초

[분포]
중국 원산

[꽃·열매 맺는 시기]
【꽃】9월~10월
【열매】-

[일조 조건]
반그늘에서 키운다.

특성 및 식재 포인트
음지의 습기가 있는 토양이 가장 좋다. 일단 활착하면 건조에도 견딘다. 일본의 경우 기후에 맞으므로 증식이 잘된다. 차를 마시는 다실용 꽃으로도 사용된다.

손질 및 관리 요령
겨울에는 말라죽은 지상부의 밑동을 잘라낸다. 비료를 과도하게 주면 손상되므로 주의한다.

자란
난초과／다년초

[분포]
일본(혼슈 간토 지방 이서,
시코쿠, 규슈, 오키나와)

[꽃·열매 맺는 시기]
【꽃】4월~5월
【열매】-

[일조 조건]
반그늘~양지에서 키운다.

특성 및 식재 포인트
번식력이 왕성하여 포기가 계속 증식한다. 튼튼해서 키우기 쉽다. 겨울에 말라죽으나, 봄에는 새순이 나온다.

손질 및 관리 요령
겨울에는 잎이 말라죽으므로 신경 쓰일 경우에는 적절히 잘라 제거한다. 특별히 비료를 줄 필요는 없다.

Category. 5

스푸리움세덤 '트라이컬러'
돌나물과/다년초

[분포]
카프카스 지방 원산

[꽃·열매 맺는 시기]
【꽃】여름
【열매】-

[일조 조건]
양지에서 키운다.

특성 및 식재 포인트
고온다습한 환경을 피하고, 양지바르고 배수 잘되는 경사지에 이식하는 것이 가장 좋다. 다육질이고 계절에 따라 잎 색이 변한다. 돌이나 자갈에 휘감기도록 심는다.

손질 및 관리 요령
과습에 의한 무름 증상을 방지하는 것이 중요하다. 지나치게 자란 줄기는 자르고, 한여름과 겨울철 관수는 삼간다.

라넌큘러스 피카리아
미나리아재비과/다년초

[분포]
유럽(영국 원산)

[꽃·열매 맺는 시기]
【꽃】3월~5월
【열매】-

[일조 조건]
반그늘~양지에서 키운다.

특성 및 식재 포인트
산야의 습한 장소에 자생하므로 다소 습도가 높은 환경의 수목 아래가 최적의 장소다. 여름에 휴면하므로 그 시기는 지상부가 말라죽는 것을 고려하여 사용한다.

손질 및 관리 요령
건조한 환경을 싫어하고 생육기에는 특히 물을 좋아하므로 흙 표면이 마르면 물을 듬뿍 준다.

원추리 '코르키'
백합과/다년초

[분포]
원예품종

[꽃·열매 맺는 시기]
【꽃】6월~7월
【열매】-

[일조 조건]
양지에서 키운다.

특성 및 식재 포인트
연한 노란색의 일일화가 잇따라 피어 초여름부터 여름까지 장기간 즐길 수 있다. 홑겹에 아담하고 지나치게 화려하지 않은 꽃 모양이 자연스러운 분위기의 정원과 잘 어우러진다. 튼튼해서 키우기 쉽고 내한성도 있다. 해가 잘 드는 장소를 좋아하고 햇볕이 부족하면 꽃이 잘 달리지 않는다.

손질 및 관리 요령
개화가 끝난 꽃부터 꽃자루를 떼어내고, 수세가 약해지면 시비를 한다. 개화 시기부터 여름까지는 흙 표면이 마르면 물을 듬뿍 준다. 봄이 되어 따뜻해지면 진딧물이 발생할 우려가 있으므로 주의한다.

Flowers and Undergrowth.

프라티아 앙굴라타
초롱꽃과/다년초

[분포]
뉴질랜드 원산

[꽃·열매 맺는 시기]
【꽃】5월~9월
【열매】-

[일조 조건]
반그늘~양지에서 키운다.

특성 및 식재 포인트
순백의 작은 꽃을 초록빛 융단에 아로새겨 놓은 듯이 꽃이 핀다. 양지를 좋아한다. 추위와 더위에 모두 강하고, 번식력도 뛰어나다.

손질 및 관리 요령
지나치게 자랐거나 병이 든 경우 짧게 깎아주면 다시 싹이 나온다.

뮬렌베르기아 카필라리스 '알바'
벼과/다년초

[분포]
북아메리카 원산

[꽃·열매 맺는 시기]
【꽃】여름~가을
【열매】-

[일조 조건]
반그늘~양지에서 키운다.

특성 및 식재 포인트
건조에 강하고 자라면 높이가 1m 정도 되며, 매우 가늘고 탄탄한 잎을 가진 그라스로 구름처럼 생긴 백색 이삭이 인상적이다.

손질 및 관리 요령
지나치게 자라면 밑동을 베어낸다. 포기나누기를 하여 증식시킬 수 있다.

돌단풍
범의귀과/내한성 다년초

[분포]
중국·한국 원산

[꽃·열매 맺는 시기]
【꽃】3월~5월
【열매】-

[일조 조건]
반그늘에서 키운다.

특성 및 식재 포인트
반그늘이 지는 바위 그늘이 이상적이다. 낙엽성이며 땅속줄기에서 새잎과 꽃대가 나오고, 먼저 백색 꽃이 원뿔 모양으로 핀다. 꽃대가 힘차게 자라는 모습도 즐길 수 있다.

손질 및 관리 요령
여름에는 잎에도 물을 듬뿍 준다. 꽃이 지면 꽃대를 밑동에서 잘라낸다.

가는잎나래새
벼과/내한성 다년초

[분포]
중앙아메리카 원산

[꽃·열매 맺는 시기]
【꽃】초여름~여름
【열매】-

[일조 조건]
반그늘~양지에서 키운다.

특성 및 식재 포인트
부드럽고 섬세한 가는 잎이 무성하게 자라는 그라스의 한 종류로 양지바르고 배수가 잘되는 장소에 심는다. 생장 속도가 빠르고 손질할 필요가 없다. 통칭 엔젤헤어.

손질 및 관리 요령
포기의 형태가 흐트러지면 뿌리 부근에서 베어낸다. 건조한 환경을 좋아하므로 지나친 관수에 주의한다.

털수크령
벼과/내한성 다년초

[분포]
아프리카 원산

[꽃·열매 맺는 시기]
【꽃】3월~5월
【열매】-

[일조 조건]
반그늘~양지에서 키운다.

특성 및 식재 포인트
더운 여름철 바람에 나부끼는 모습이 시원한 경치를 만든다. 바람이 통하는 양지가 최적의 장소다. 토끼 꼬리처럼 생긴 백색 이삭이 많이 나온다.

손질 및 관리 요령
겨울에 잎이 말라죽어 보기 흉해지면 베어낸다. 베어내면 봄에 포기에서 새순이 나온다.

Category. 5

물범부채 '메이저'

붓꽃과/내한성 다년초

[분포]
남아프리카

[꽃·열매 맺는 시기]
【꽃】늦여름~가을
【열매】–

[일조 조건]
반그늘에서 키운다.

특성 및 식재 포인트
늦여름부터 가을까지 피는 매혹적인 붓꽃과의 숙근초. 오후에 그늘이 지는 수목 아래에 심으면 좋다.

손질 및 관리 요령
건조한 환경을 싫어하므로 휴면하는 겨울철 이외에는 지면이 마르면 관수를 한다(여름철은 특히 충분히 관수한다).

실라 시베리카

백합과/추식구근

[분포]
러시아 원산

[꽃·열매 맺는 시기]
【꽃】3월~4월
【열매】–

[일조 조건]
반그늘에서 키운다.

특성 및 식재 포인트
소박한 모습의 예쁜 청색 꽃이 핀다. 추위에 강하고 튼튼하여 키우기 쉬운 품종이다. 군생하면 개화기에 매우 아름답다.

손질 및 관리 요령
특별히 손질할 필요는 없다. 비료는 그다지 필요하지 않다. 물은 지면이 마른 후에 준다.

향기별꽃

백합과/추식구근

[분포]
남아메리카 원산

[꽃·열매 맺는 시기]
【꽃】3월~5월
【열매】–

[일조 조건]
반그늘~양지에서 키운다.

특성 및 식재 포인트
봄에 별 모양의 꽃이 위로 솟으며 핀다. 잎을 비비면 부추 냄새 같은 향기가 난다. 해를 거듭할수록 구근이 증식한다.

손질 및 관리 요령
식재 후 그대로 두어도 꽃이 잘 피므로 손질할 필요가 없다. 7월~9월은 휴면기이므로 관수를 하지 않아도 된다.

서리이끼

고깔바위이끼과/이끼식물

[분포]
북반구

[꽃·열매 맺는 시기]
【꽃】–
【열매】–

[일조 조건]
반그늘에서 키운다.

특성 및 식재 포인트
햇빛이 잘 들고 관수가 잘되는 장소를 좋아한다. 돌과도 잘 어우러지며 차분한 분위기를 자아낸다. 내한성, 내서성이 있어 튼튼하다.

손질 및 관리 요령
무름 증상에 주의하고, 약간 건조하게 키운다. 관수는 한낮을 피해 표면에 뿌려주는 정도가 좋다.

털깃털이끼

털깃털이끼과/이끼식물

[분포]
일본
동아시아~동남아시아

[꽃·열매 맺는 시기]
【꽃】–
【열매】–

[일조 조건]
반그늘에서 키운다.

특성 및 식재 포인트
공기 중의 습도가 높은 반그늘을 좋아한다. 중정에 완숙미를 연출하기에 효과적이다. 양지에서는 관수 관리가 어려우며, 무름 증상에 주의해야 한다.

손질 및 관리 요령
낙엽이 표면에 쌓이면 말라죽게 되므로 이끼가 벗겨지지 않도록 부드러운 빗자루로 낙엽을 제거한다.

Wild Grass.

산야초

풍요로운 기후와 풍토를 상징하는 초화류다. 원예 식물이나 관엽 식물에서는 느낄 수 없는 자연의 산과 강의 운치가 느껴진다. 다양한 품종이 있으며, 적절히 조합함으로써 산의 생동감을 연출할 수 있다. 청량한 분위기를 지닌 잎의 표정은 시원한 바람을 불러일으키고 있는 듯하다. 또한 자그마한 꽃이 앙증맞게 피는 모습에서 산의 은혜로움이 느껴진다. 현재는 귀중한 품종도 많다.

가지복수초

미나리아재비과/다년초

[분포]
일본(홋카이도, 혼슈, 시코쿠, 규슈~서일본 지역에는 적다.)

[꽃·열매 맺는 시기]
【꽃】 3월~4월
【열매】 5월 하순경

[일조 조건]
반그늘에서 키운다. 개화기 전후는 햇볕이 필요하다.

특성 및 식재 포인트
다른 식물보다 생육이 빨라서 초봄에 황금색 꽃이 달리고, 주변 식물의 잎이 무성해지는 5월 하순경에는 열매가 달린 후 휴면에 들어가는 특징이 있다. 따라서 개화기 전후에는 비교적 햇빛이 잘 들고, 잎이 말라죽은 후의 휴면기에는 반그늘이 지는 환경이 적합하다. 예를 들어 여름부터 가을에 나무 그늘이 지는 낙엽수 아래 등에 식재하면 좋다.

손질 및 관리 요령
산지에 자생하는 식물이므로 여름철 고온에 주의한다. 여름철에는 차양을 만드는 등 고온을 피하는 방법을 모색하는 배려가 필요하다.

Category. 6

일본노루오줌

범의귀과/다년초

[분포]
일본(혼슈 주부 이서, 시코쿠, 규슈)

[꽃·열매 맺는 시기]
【꽃】5월~6월
【열매】-

[일조 조건]
반그늘에서 키운다.

특성 및 식재 포인트
본래 산골짜기 경사면의 암석 지대에 자생하는 식물이므로 어느 정도 바람이 통하고 배수가 잘되는 토양에 식재한다. 반그늘에서 키우되, 다소 밝아도 된다.

손질 및 관리 요령
관리가 그다지 어려운 종은 아니지만, 관수는 충분히 한다. 극심한 수분 부족 상태가 되면 잎이 손상될 수 있다.

큰까치수염

앵초과/다년초

[분포]
일본(홋카이도, 혼슈, 시코쿠, 규슈)

[꽃·열매 맺는 시기]
【꽃】6월~8월
【열매】-

[일조 조건]
밝은 그늘에서 습기가 있는 환경에서 키운다.

특성 및 식재 포인트
직사광선이 내리쬐는 장소는 피한다. 뿌리 뻗음이 좋아 번식력이 왕성하므로 다른 종과의 경합이 우려되는 장소에는 식재하지 않는다.

손질 및 관리 요령
습기가 있는 흙을 좋아하므로 겉흙이 마르면 충분히 관수를 한다.

얼레지

백합과/다년초

[분포]
일본(홋카이도, 혼슈, 시코쿠, 규슈)

[꽃·열매 맺는 시기]
【꽃】4월~5월
【열매】-

[일조 조건]
겨울~봄은 양지에, 여름~가을은 그늘지는 환경.

특성 및 식재 포인트
추위에는 강하나, 더위에 약하다. 여름부터 가을에 그늘이 지는 낙엽수림 아래나 여름철에 온도 변화가 적고 통풍이 잘되는 북쪽에 식재하면 좋다.

손질 및 관리 요령
과습에 주의한다. 겨울부터 개화 시기까지는 액체 비료를 주고, 개화 후에는 토양 표면에 고체 비료를 1회 시비한다.

비비추 '알보마르기나타'

백합과/다년초

[분포]
일본(홋카이도, 혼슈, 시코쿠, 규슈)

[꽃·열매 맺는 시기]
【꽃】7월~8월
【열매】-

[일조 조건]
반그늘~양지에서 키운다.

특성 및 식재 포인트
습기가 있는 반그늘이나 음지를 좋아하므로 수목 아래나 정원석 사이에 식재한다. 환경만 갖춰지면 튼튼한 종이므로 관수를 충분히 해주면 증식한다.

손질 및 관리 요령
관수를 충분히 한다. 포기가 커졌을 경우에는 3월이나 9월쯤에 캐내어 포기나누기를 하면 좋다.

꽃여뀌

마디풀과/다년초

[분포]
일본(혼슈, 시코쿠, 규슈, 오키나와)

[꽃·열매 맺는 시기]
【꽃】8월~10월
【열매】9월~11월

[일조 조건]
양지에서 키운다.

특성 및 식재 포인트
습지에 자생하는 식물이므로 수분이 있는 장소에 식재한다. 꽃이 달리려면 햇볕이 필요하므로 오전 중에는 양지, 오후에는 음지가 되는 장소가 좋다.

손질 및 관리 요령
물 관리에 주의해야 한다. 항상 지면이 습기를 머금고 있도록 관수를 한다.

Wild Grass.

사사백합
백합과/다년초

[분포]
일본(혼슈 주부 이서, 시코쿠, 규슈)

[꽃·열매 맺는 시기]
【꽃】6월~7월
【열매】-

[일조 조건]
반그늘(초봄은 햇볕이 드는 장소가 좋다.)

특성 및 식재 포인트
비료 성분 함량이 적고 배수성이 좋은 탄성 토양을 좋아한다. 낙엽수림 아래와 같이 여름철에 반그늘이 지고, 봄에 해가 충분히 드는 장소에 식재하면 꽃이 잘 달린다.

손질 및 관리 요령
연중 적절한 습기를 유지한다. 햇볕을 확보하기 위해 휴면기에는 주변의 풀베기를 자주 해준다.

단풍터리풀
장미과/다년초

[분포]
일본(혼슈 간토 지방 북부·나가노현·야마나시현)

[꽃·열매 맺는 시기]
【꽃】7월~8월
【열매】-

[일조 조건]
양지~반그늘에서 키운다.

특성 및 식재 포인트
이식 적기는 가을(추운 지역의 경우는 봄). 이식할 때 완효성 비료를 준다. 정원에 식재할 경우 10~20㎝ 정도 흙을 북돋아준 다음 심으면 생육이 잘 된다.

손질 및 관리 요령
겉흙이 마르기 시작하면 관수를 충분히 한다. 메뚜기류가 잎을 갉아먹을 우려가 있으므로 주의한다.

실꽃풀
백합과/다년초

[분포]
일본(혼슈 아키타현 이남, 시코쿠, 규슈)

[꽃·열매 맺는 시기]
【꽃】5월~6월
【열매】-

[일조 조건]
반그늘에서 키운다.

특성 및 식재 포인트
여름에 그늘이 지는 장소를 골라 식재한다. 동일한 환경을 좋아하는 다른 식물을 주위에 심어 겉흙이 건조해지는 것을 억제해주면 좋다.

손질 및 관리 요령
겉흙이 건조해지지 않도록 주의한다. 겉흙이 마르기 시작하면 관수를 충분히 한다.

절분초
미나리아재비과/다년초

[분포]
일본(혼슈 간토 지방 이서)

[꽃·열매 맺는 시기]
【꽃】2월~3월
【열매】-

[일조 조건]
이른 봄부터 개화할 때까지는 양지, 개화 후는 반그늘.

특성 및 식재 포인트
기본적으로 내서성이 약해서 여름 더위를 싫어하는 반면 추위에는 매우 강해 서리 등에 의해 말라죽는 경우는 적다. 겨울에는 되도록 햇볕을 쬐는 것이 좋다.

손질 및 관리 요령
관수는 충분히 해주되 과습은 주의한다. 휴면기에는 물을 주지 않아도 된다.

매화황련
미나리아재비과/다년초

[분포]
일본(혼슈 후쿠시마현 이서)

[꽃·열매 맺는 시기]
【꽃】2월~3월
【열매】-

[일조 조건]
반그늘에서 키운다.

특성 및 식재 포인트
실 모양의 땅속줄기가 사방으로 뻗어 거기에서 잎이 나오므로 환경에 적응하면 포기가 증식한다. 겨울에 서리나 찬바람을 피할 수 있는 양지 바른 장소를 좋아한다.

손질 및 관리 요령
물을 좋아하는 종이지만, 과습은 뿌리썩음병의 원인이 되므로 흙이 마른 후에 관수를 한다.

Category. 6

초롱꽃

초롱꽃과 / 다년초

[분포]
일본(홋카이도 서남부, 혼슈, 시코쿠, 규슈)

[꽃·열매 맺는 시기]
【꽃】 5월~6월
【열매】 –

[일조 조건]
반그늘~양지에서 키운다.

특성 및 식재 포인트
땅속줄기로 쉽게 증식되고, 키도 높게 자란다. 햇빛이 비치는 환경에서 더 잘 자라므로 낙엽수 아래와 같은 곳이라도 햇빛이 잘 드는 장소에 식재하면 좋다.

손질 및 관리 요령
관수는 충분히 한다. 단, 휴면기에는 횟수를 줄여 다소 건조한 상태를 유지한다.

우산나물

국화과 / 다년초

[분포]
일본(혼슈, 시코쿠, 규슈)

[꽃·열매 맺는 시기]
【꽃】 7월~10월
【열매】 8월~11월

[일조 조건]
반그늘에서 키운다.

특성 및 식재 포인트
깊게 갈라진 잎이 특징이며, 주로 수림지의 지표면에 자생하는 종이므로 양지바른 곳을 좋아하지 않는다. 나무 그늘이 지는 낙엽수 아래 같은 곳이 최적의 장소이다.

손질 및 관리 요령
여름철에는 관수를 자주 하거나, 차양을 만드는 등 고온이나 건조를 피하는 방법을 모색하는 배려가 필요하다.

산부추

백합과 / 다년초

[분포]
일본(혼슈 도치기현 이서, 시코쿠, 규슈)

[꽃·열매 맺는 시기]
【꽃】 9월~10월
【열매】 –

[일조 조건]
밝은 환경.

특성 및 식재 포인트
양지바르고 통풍이 잘되는 장소에 식재한다. 식용 염교나 부추 같은 향은 적다. 겨울에는 지상부가 말라죽는 것을 고려해야 한다.

손질 및 관리 요령
건조에 강하므로 겉흙이 마른 후에 관수를 한다. 씨가 떨어져 자생하며 증식하므로 지나치게 증식하면 솎아낸다.

시코쿠 천남성

천남성과 / 다년초

[분포]
일본(혼슈 시즈오카현·나라현·미에현, 시코쿠)

[꽃·열매 맺는 시기]
【꽃】 3월~4월
【열매】 –

[일조 조건]
반그늘에서 키운다.

특성 및 식재 포인트
겨울 추위에는 강하나, 여름 더위나 햇빛에는 약하므로 반그늘의 배수가 잘되는 토양에 식재한다. 이식은 10월경에 하면 좋다.

손질 및 관리 요령
물을 충분히 준다. 특히 잎이 말라죽은 후의 휴면기에도 흙이 마르지 않도록 관수를 해주면 좋다.

노랑물봉선

봉선화과 / 일년초

[분포]
일본(홋카이도, 혼슈, 시코쿠, 규슈)

[꽃·열매 맺는 시기]
【꽃】 6월~8월
【열매】 –

[일조 조건]
반그늘에서 키운다.

특성 및 식재 포인트
수목 아래나 습기가 있는 음지에 식재한다. 일년초이므로 수확한 종자를 바로 파종해도 발아한다(파종 후, 건조해지지 않도록 주의한다).

손질 및 관리 요령
관수는 충분히 하되, 과습은 주의한다. 종자부터 키우는 경우에는 건조해지지 않도록 주의하고, 생육기에 토양 표면에 비료를 준다.

【편집 협력】
+plants(addplants corporation)
시가현 오쓰시 오이시류몬 4-2-1 스나이노사토 내부
tel 075-708-8587

가든 와코
효고현 다카라즈카시 나가오초 16-2
http://www.garden-wako.co.jp/

후루카와 테이주엔
오사카부 미나미카와치군 가난초 마다니 2
http://www.teijuen.com/

【사진】
이노우에 겐(p.A-07 일본담팔수)
우에다 히로시(p.A-10 졸참나무, p.A-11 아페르티스 코미페라 물푸레나무)
오모테 노부타다(p.A-14 페이조아)
스기노 게이 건축사진사무소
(p.A-08 새덕이, p.A-12 올리브나무, p.A-13 섬회나무, p.A-15 설구화, p.A-40 털깃털이끼)
세키네 후미(p.A-07 동청목)
미쓰이 부동산(p.A-017 식나무)
Gakken/amanaimages(p.A-28 로도덴드론 세미바르바툼)

Index.
색 인

가
가는잎나래새	A-39
가지복수초	41
감태나무	15
고광나무 '벨 에투아르'	21
관중	35
굴참나무	09
꽃여뀌	42

나
넓은잎 브룬펠시아	A-19
노랑물봉선	44
누운방패꽃 '조지아 블루'	35
눈철쭉	26

다
단풍나무	A-10
단풍철쭉	27
단풍터리풀	43
담팔수	08
대상화	37
대팻집나무	08
돌단풍	39
동청목	07
둥근잎다정큼	18

라
라넌큘러스 피카리아	A-38
라일락	23
로니케라 그라킬리페스	15
로도덴드론 메테르니치 혼도엔세	27
로도덴드론 세미바르바툼	28
로도덴드론 쿠인쿠에폴리움	28
로도레이아 헨리 '레드 퍼넬'	14
로만드라 롱기폴리아 '타니카'	31

마
매화헐떡이풀	A-33
매화황련	43
맥문동 '기간테아'	34
무도철쭉 '혼키리시마'	27
물범부채 '메이저'	40
뮬렌베르기아 카필라리스 '알바'	39
미르타케아 노린재나무	13

바
바위잔대	A-35
박태기나무	22
버들잎개야광나무 '오텀 파이어'	35
벚나무 '오사카후유자쿠라'	25
병아리꽃나무	21
블루베리	22
비단잔디	37
비브르눔 플레보트리쿰	20
비비추 '알보마르기나타'	42
빌베리	18

사
사사백합	A-43
사쓰마 퍼진철쭉	29
사철검은재나무	13
산단풍나무	11
산딸나무	11
산벚나무	25
산부추	44
삼지닥나무	23
상록둥굴레	33
상록삼지구엽초	32
상록윤판나물	34
새덕이	08
서리이끼	40
서어나무	08
설구화	15
섬회나무	13
솔잎금계국 '문빔'	36
수국 '오쿠타마코아지사이'	20
수양올벚나무	24
순비기나무 '푸르푸레아'	23
스카브룸철쭉	26
스카마 리우키우엔시스	07
스키미아 야포니카	19
스푸리움세덤 '트라이컬러'	38
시나몬 아왜나무	19

Trees. | Lower Trees.
Bushes. | Sakura and Azalea.
Flowers and Undergrowth.
Wild Grass.

시볼드 당단풍	10
시코쿠 천남성	44
식나무	17
실꽃풀	43
실라 시베리카	40

아

아가판서스	A-30
아로니아 아르부티폴리아	19
아스터 니티두스 '후지무스메'	32
아주가 '초콜릿 칩'	31
아칸투스	31
아페르티스코미페라 물푸레나무	11
알펜로제 P.J 메지트	26
얼레지	42
에키나시아	35
엑스버리 아잘레아	28
엥키안투스 수브세실리스	27
오모수	17
오약	18
올리브나무	12
우네도 딸기나무	17
우산나물	44
원추리 '코르키'	38
은매화	17
이리스 웅귀쿨라리스	31
이테아 비르기니카	20
이페	10
일본가막살나무	16
일본노루오줌	42
일본담팔수	07
일본목련	10
일본쇠물푸레나무	09
일본조팝나무 '골드플레임'	21

자

자란	A-37
적송	06
절분초	43
정금나무	21
조팝나무	21
졸참나무	10
중국왕설구화 '스테릴레'	22

진달래	27

차

참회나무	A-15
철쭉 '하루이치반'	29
철쭉 '호리우치칸자키'	26
초롱꽃	44
춘추벚나무 '아우툼날리스'	25
층꽃나무 '스털링 실버'	36

카

캐나다 채진목	A-15
캠퍼철쭉	29
콘콜러 달맞이글라디올러스	36
쿠루메철쭉(코초노마이)	26
크로코스미아 '조지 데이비슨'	36
큰까치수염	42
키아테아 스피눌로사	14

타

타임 롱기카울리스	A-32
털깃털이끼	40
털수크령	39
통탈목	17

파

팥배나무	A-09
페이조아	14
포테르길라 몬티콜라	22
프라티아 앙굴라타	39
플루메리아	14

하

해오라비난초	A-36
향기별꽃	40
헬레보루스 오리엔탈리스	31
헬리오트로피움 페르테리아눔	14
헬리키아 코킹키넨시스	08
헬윙기아 야포니카	22
홍지네고사리	34
히에말리스 동백나무 '세토시로'	18

No Green, No Life.

에필로그

식물 없이는 살 수 없다.
이 책의 집필을 마치며 다시금 그런 생각이 든다.

오기노 씨의 책을 만들고 싶다고 생각한 것은 4년 전이었다. '조경은 거리를 다시 숲으로 되돌려놓는 작업'이라는 말을 듣고, 그 작업을 돕고 싶다는 생각이 강하게 들었었다. 오기노 씨는 아주 작은 공간에도 나무를 심고, 꽃을 더하고, 돌이나 자갈을 깔고, 이끼나 지피식물로 지면을 덮어, 이를테면 작은 숲을 만든다. 그것이 설령 주택 한 채의 점이었다고 해도 그 점과 점이 이어져 선이 되고 결국 면이 되어 거리가 숲이 된다. 그런 광경이 머릿속에 선명하게 그려지면서 현재의 삭막한 거리에 녹음의 점을 늘려가자, 그것을 위한 책을 만들자는 생각으로 완성된 것이 바로 이 책이다.

최근 4년 동안 오기노 씨 외에도 오기노 씨에게 조경을 의뢰하는 건축가와 시공 업체 관계자들의 이야기를 들을 기회가 있었는데, 그들도 이제는 식물 없는 주택은 아예 생각도 하지 않았다.
No Green, No House!(웃음)
그것은 녹음의 힘에 매료되었을 뿐 아니라 오기노 씨의 열정에 마음이 움직였기 때문이 아닐까 한다.

"여기에 식물이 있으면 기분 좋겠지?"
"눈높이에 꽃이 피는 것을 배치해"
"거리에도 녹음을 나눠주도록 해."

오기노 씨의 조경은 '자연을 접하면 마음이 안정된다' 또는 '나무 그늘은 기분 좋다'처럼 누구나 느끼는 감각에 그대로 와닿는다. 오기노 씨를 만나서 주거지의 조경이라는 것은 예술이나 취미와 취향을 표현하기 위한 것이 아니라 일상생활에 살며시 안식처를 더해주고자 하는 배려의 마음을 담아내는 작업이라는 것을 배웠다.

이 책에서는 그런 오기노 씨의 배려의 마음이 담긴 레시피를 마음 가는 곳에서부터 읽을 수 있도록 85가지로 나눠 소개한다. 한 가지씩이라도 좋으니 실천할 수 있을 것 같은 레시피를 찾아 도전해보기를 바란다.

곳곳에
녹음이 아름다운 정원이 조성되고
그 옆, 또 그 옆으로 녹음의 사슬이 연결되어
집에 있어도, 거리에 있어도
녹음 속에서 마음의 안정을 찾는 생활이
우리들의 당연한 삶이 되기를 기원한다.

기토 아유코

OGINO TOSHIYA NO UTSUKUSHII SUMAI NO MIDORI 85 NO RECIPES
© TOSHIYA OGINO 2017
Originally published in Japan in 2013 by X-Knowledge Co., Ltd.
Korean translation rights arranged through BC Agency. Seoul

이 책의 한국어판 저작권은 BC 에이전시를 통한 저작권자와의 독점 계약으로 한스미디어에 있습니다. 저작권법에 의해 한국 내에서 보호를 받는 저작물이므로 무단전재와 복제를 금합니다.

아름다운
정원 조경 레시피 85

1판 1쇄 발행 | 2018년 5월 14일
1판 4쇄 발행 | 2022년 3월 25일

지은이 오기노 도시야
옮긴이 방현희
펴낸이 김기옥

실용본부장 박재성
편집 실용1팀 박인애
영업 김선주
커뮤니케이션 플래너 서지운
지원 고광현, 김형식, 임민진

디자인 제이알컴
인쇄·제본 민언프린텍

펴낸곳 한스미디어(한즈미디어(주))
주소 121-839 서울시 마포구 양화로 11길 13(서교동, 강원빌딩 5층)
전화 02-707-0337 | **팩스** 02-707-0198 | **홈페이지** www.hansmedia.com
출판신고번호 제 313-2003-227호 | **신고일자** 2003년 6월 25일

ISBN 979-11-6007-256-3 13610

책값은 뒤표지에 있습니다.
잘못 만들어진 책은 구입하신 서점에서 교환해드립니다.